U0957398

金融街10号丛书
The Series of No.10 Financial Street

中央国债登记结算有限责任公司
CHINA CENTRAL DEPOSITORY & CLEARING CO., LTD.

BOND MARKET FUNDAMENTAL SERIES (VOLUME Ⅱ)
KEY ISSUES ON
BOND LIFE CYCLE SERVICES

债市基础（第二辑）

——债券生命周期服务研究

中央国债登记结算有限责任公司 ◎ 著

中国金融出版社

责任编辑：王　君
责任校对：孙　蕊
责任印制：陈晓川

图书在版编目（CIP）数据

债市基础．第二辑，债券生命周期服务研究/中央国债登记结算有限责任公司著．—北京：中国金融出版社，2024.3
（金融街10号丛书）
ISBN 978－7－5220－2343－4

Ⅰ.①债…　Ⅱ.①中…　Ⅲ.①债券市场—研究—中国　Ⅳ.①F832.51

中国国家版本馆CIP数据核字（2024）第042255号

债市基础（第二辑）——债券生命周期服务研究
ZHAISHI JICHU（DI－ER JI）：ZHAIQUAN SHENGMING ZHOUQI FUWU YANJIU
出版发行　中国金融出版社
社址　北京市丰台区益泽路2号
市场开发部　(010)66024766，63805472，63439533（传真）
网上书店　www.cfph.cn
(010)66024766，63372837（传真）
读者服务部　(010)66070833，62568380
邮编　100071
经销　新华书店
印刷　河北松源印刷有限公司
尺寸　169毫米×239毫米
印张　12
字数　153千
版次　2024年3月第1版
印次　2024年3月第1次印刷
定价　60.00元
ISBN 978－7－5220－2343－4

编 委 会

目　录

上 篇

债券市场基本业务概念

概念一：债券

1. 债券

概念： 由筹资者（即债务人）向投资者（即债权人）发行的、承诺在约定期限内履行还本付息义务、表明债权债务关系的可等分的有价证券[①]。

要点：

①债券是一种典型的有价证券。

②债券是权利集合，债权人享有要求债务人按时还本付息、出质、买卖等权利。

③中央证券托管机构（CSD）是系统重要性金融基础设施，覆盖证券交易全链条，在证券市场运行中居于核心地位，具有权威性和中立性。一般而言，债券要在CSD 登记。

④现代化的CSD 可为债券提供全生命周期服务，包括发行、登记托管、交易结算、付息兑付、信息披露、估值、担保品管理、统计监测等。

注释：

①债券的定义

理论层面，债券的定义见诸于法律、经济词典。我国《中华金融辞

① “约定期限”包括“固定期限”和“无固定期限”（例如永续债）。“还本付息”是指一般债券需要还本和（或）付息，但也有例外（例如零息债券、可转债券）。“可等分”是指在债券总量的基础上划分为均等份额，每张债券的票面价值相等；“可等分”是债券区别于票据的特征。

库》[①] 定义债券（bond）为证券持有人与发行人之间的债权债务关系并具有法律效力的金融凭证。对发行人来说，它是一种债务，是按照约定条件（包括期限、利率、本息偿还方式等）支付利息和偿还本金的书面承诺；对于持有人来说，它是一种债权，是按照约定条件要求发行人付息还本的权利。我国《现代经济词典》[②] 将债券定义为由筹资者（即债务人）向投资者（即债权人）出具的、承诺在一定时期支付利息和到期归还本金的债务凭证，表明债权债务关系的有价证券。《新帕尔格雷夫货币金融大辞典》[③] 定义债券（bond）为一种工具，发行商（债务者/借方）允诺偿还给贷方/投资人所借款项加上某特定时期的利息。典型的债券会规定：(1) 所借数额（本金或票面价值)，到期的固定的日期。(2) 定期支付的合同利息。《布莱克法律词典》[④] 定义债券（bond）为在某些情形发生下或某一时刻发生时，付款或采取某种行为的书面承诺，定义证券（security）为持有人与一家公司或政府间的借贷关系的证明工具。《元照英美法词典》[⑤] 将债券解释为政府或公司签发的承诺向持有人支付一定利息并在到期后偿还本金的借款证书。

法律层面，我国现行法律并未对债券做出概念化的解释。《证券法》仅将交易所债券纳入其适用范围，且未对“债券”定义加以解释。《公司法》仅给出公司债券的定义：“本法所称公司债券，是指公司依照法定程序发行、约定在一定期限还本付息的有价证券。”

规则层面，《标准化债权类资产认定规则》明确，标准化债权类资产是指依法发行的债券、资产支持证券（ABS）等固定收益证券，表明债券是标准化债权的一种表现形式。

---

① 戴相龙，黄达．中华金融辞库［M］．北京：中国金融出版社，1998.

② 刘树成．现代经济词典［M］．南京：凤凰出版社，2005.

③ 纽曼，米尔盖特，伊特维尔．新帕尔格雷夫货币金融大辞典［M］．北京：经济科学出版社，2000.

④ 布莱恩·加纳．布莱克法律词典（第八版）［M］．宁波：宁波出版社，2007.

⑤ 薛波．元照英美法词典［M］．北京：北京大学出版社，2014.

②债券的分类

在我国，行政法规和部门规章针对部分债券品种的概念做出了明确。在实践层面，对债券品种有不同的划分方式。一般可按发行主体、付息方式、币种等进行划分。

按照发行主体划分，债券包括政府债券、中央银行票据、政府支持机构债券、金融债券、公司信用类债券、熊猫债券等。其中，政府债券包括国债、地方政府债券；政府支持机构债券包括铁道债券、中央汇金债券；金融债券包括政策性金融债券、商业银行债券、非银行金融债券；公司信用类债券包括企业债券、公司债券等。

按照付息方式划分，债券包括零息债券、贴现债券、固定利率附息债券、浮动利率附息债券、利随本清债券。

按照币种划分，债券包括人民币债券、外币债券、特别提款权（SDR）债券。

另外，从募集资金投向角度看，债券还包括特别国债、专项债券、绿色债券、可持续发展债券、转型债券、社会责任债券、疫情防控债券等。

③债券形态的演进

最早的债券以纸质实物方式存在，通过实物交割方式在交易双方之间进行转让。但是，随着债券市场的发展，债券交易量激增，大量实物债券的转移无法及时处理，并且实物债券的保管和转让会带来额外风险和处理成本。为提高交易效率，投资者把实物债券交付给证券登记结算机构集中保管，证券登记结算机构通过电子簿记形式记录证券的归属及变动，并提供权益维护服务，实现了债券交易的非移动化。

债券集中存管后，逐步向无纸化转型，即不再发行实物债券，仅由CSD设立债券账户进行记账。在无纸化时代，债券账户代替了纸质凭证，债券登记体现为对电子簿记信息的管理，进一步提高了证券结算的效率，消除了凭证损毁或失窃风险。

近年来，新兴技术不断探索应用于债券业务领域，数字债券应运而生。中国债券市场通过非区块链技术，已经实现了账户模式的数字债券，全生命周期数据实现了标准化。中央国债登记结算有限责任公司（以下简称中央结算公司）作为国家区块链创新应用试点单位，于2022年推出了基于金融基础设施中心化管理的区块链数字债券系统。

④同业存单的分类辨析

根据国际清算银行、欧洲中央银行和国际货币基金组织联合发布的《证券统计手册》，证券类金融工具分为债务证券和权益证券两类，其中，债务证券包括票据、债券、可转让定期存单、资产支持证券等。由此来看，可转让定期存单是与债券并列的证券类型，不属于严格意义上的债券。

在我国，同业存单是存款类金融机构法人在全国银行间市场上发行的记账式定期存款凭证，投资和交易主体为全国银行间同业拆借市场成员、基金管理公司及基金类产品。同业存单与债券在多个层面存在明显差别。

产品性质上，同业存单是商业银行负债管理工具，是同业存款的替代品；债券属于金融契约，是有价证券。

会计处理上，实践中同业存单往往单独设立科目进行管理核算，在统计上单独设立存单发行及投资统计指标予以反映。这使同业存单与传统的债券有所区别，成为单独的一类资产。

融资额度要求上，2014 年 4 月《中国人民银行、中国银行业监督管理委员会、中国证券监督管理委员会、中国保险监督管理委员会、国家外汇局关于规范金融机构同业业务的通知》要求单家商业银行同业融入资金余额不得超过该银行负债总额的三分之一。2017 年 4 月《中国银监会办公厅关于开展银行业“不当创新、不当交易、不当激励、不当收费”专项治理工作的通知》提出检查若同业存单计入同业融入资金余额，是否超过银行负债总额的三分之一。而金融机构发行的金融债则不受该约束。

⑤资产支持证券的分类辨析

资产支持证券是发起人将缺乏流动性但具有可预测现金流的资产或资产组合（基础资产）汇集起来，形成一个资产池，通过结构性重组，出售给特定的机构或载体（SPV），以该基础资产产生的现金流为支持，发行可以在金融市场上出售和流通的证券。

学理上，《证券统计手册》将资产支持证券纳入债务证券，是与债券并列的证券类型，不属于严格意义上的债券。

法律关系上，发起人将基础资产转移给 SPV 后，与基础资产实现破产隔离，引入了信托关系。原则上 SPV 仅以证券化的资产为限向投资者承担责任和进行赔付，投资者对发起人的其余资产没有追索权。而传统债券的法律关系是债权债务关系，持有人有权要求发行人履行还本付息义务。

实践中，在中国，以信贷资产支持证券为代表的多数资产支持证券为债务性质，习惯上与债券合并统计。部分监管规则将资产支持证券与债券等同对待，比如资管新规明确，依据金融管理部门颁发规则开展的资产证券化业务不受杠杆率、多层嵌套约束。

1.1　绿色债券

概念：绿色债券是指募集资金专门用于支持符合规定条件的绿色产业、绿色项目或绿色经济活动，依照法定程序发行并按约定还本付息的债券。

要点：

①绿色债券一般应满足募集资金用途、项目评估与遴选、募集资金管理和存续期信息披露四项核心要素的要求。

②绿色债券的募集资金需主要用于支持符合规定条件的绿色产业、绿色经济活动等相关的绿色项目。绿色项目是指符合绿色低碳发展要

求、有助于改善环境，且具有一定环境效益的项目。绿色项目认定范围依据中国人民银行会同国家发展和改革委员会、中国证券监督管理委员会共同发布的《绿色债券支持项目目录》。

③绿色债券应在发行前和存续期持续做好信息披露工作，鼓励绿色债券以公开方式按照中债绿色债券环境效益信息披露指标体系进行信息披露。

注释：

①按照是否经官方认可，绿色债券分为投向绿债券和贴标绿色债券

投向绿债券是指募集资金投向符合中国人民银行《绿色债券支持项目目录（2021 年版）》、国际资本市场协会（ICMA）《绿色债券原则》、气候债券组织（CBI）《气候债券分类方案》这三项绿色债券标准之一，且投向绿色产业项目的资金规模在募集资金中占比不低于 50% 或者发行人主营业务占比不低于 50% 的债券。投向绿债券包括贴标绿色债券和非贴标绿色债券。

贴标绿色债券是指经债券注册机构认可发行的绿色债券，募集资金投向符合《绿色债券项目支持目录（2021 年版）》。

②按照募集资金投向领域，绿色债券有很多子项，包括蓝色债券、气候债券、碳中和债券等

蓝色债券是绿色债券的一种，指募集资金投向可持续型海洋经济领域，促进海洋资源的可持续利用，用于支持海洋保护和海洋资源可持续利用相关项目的债券。

气候债券是绿色债券的一种，指募集资金投向用于解决气候变化相关领域的债券，主要向应对气候变化项目提供融资，项目包括气候减缓类项目和气候适应性项目。

碳中和债券是气候债券的一种，指募集资金专项用于有利于实现碳减排目标的绿色债券，通过专项产品持续引导资金流向绿色低碳循环领域，助力实现碳中和愿景的债券。

1.2　可持续发展债券

概念：可持续发展债券是指募集资金全部用于绿色项目和社会责任项目融资和再融资的债券。

要点：

①可持续发展债券募集资金用于绿色项目部分应遵守适用于绿色债券的有关规定，用于社会责任项目部分应遵守社会责任债券的有关规定。可持续发展债券募集的资金亦可用于同时具备环境和社会双重效益的项目。

②可持续发展债券应满足募集资金使用、项目评估和遴选、募集资金管理、信息披露等四大核心要素。发行人可建立可持续发展债券框架，明确披露其债券与四大核心要素相符。框架可用于一次或多次债券发行，与发行文件一并披露。不以框架形式披露的发行人，应在单次债券发行的发行文件中披露其是否符合核心要素。

③可持续发展债券不同于可持续发展挂钩债券。可持续发展债券要求募集资金全部用于特定用途；而可持续发展挂钩债券的募集资金可用于一般用途，其主要特征是债券条款与发行人可持续发展目标相挂钩。

注释：

①可持续发展债券募集资金用于绿色项目部分应遵守适用于绿色债券的有关规定，用于社会责任项目部分应遵守社会责任债券的有关规定

欧盟目前推广的可持续金融概念实质上涵盖了绿色金融和转型金融。欧盟《可持续金融分类法案》在其可持续金融分类目录中明确列出了环境可持续经济活动、部分转型经济活动和促进型经济活动三大类型，并提出后续将进一步扩展该目录范围。同时，欧盟分类法案要求欧盟成员国使用分类目录作为未来欧盟绿色债券和绿色抵押贷款标准等可持续金融工具和国家（公共）标签的基础[①]。

---

① 例如，欧盟绿色债券标准（EU GBS）要求公司募集资金全部用于与分类目录相一致的经济活动；欧盟金融产品的生态标签标准（草案）要求投资的基础活动与欧盟分类目录相一致。

根据联合国《2030 年可持续发展议程》和二十国集团《G20 可持续金融路线图》，可持续发展债券可以定义为以支持实现《2030 年可持续发展议程》各项目标为目的的债券融资工具。根据国际资本市场协会（ICMA）《可持续发展债券指引》，可持续发展债券可定义为募集资金全部用于绿色项目或社会项目融资或再融资的债券融资工具。

②可持续发展债券在我国的实践

为充分发挥债券市场支持可持续发展的作用，2021 年，我国针对境外发行人开展可持续发展债券业务试点，正式推出可持续发展债券业务品种，并将可持续发展债券定义为募集资金全部用于绿色项目和社会责任项目的债券。

2020 年，经中国人民银行提议，可持续金融国际平台（IPSF）发起设立可持续金融分类目录工作组，全面和深入分析欧盟《可持续金融分类方案——气候授权法案》和中国《绿色债券支持项目目录》的异同。2021 年，IPSF 正式发布《可持续金融共同分类目录报告——减缓气候变化》（以下简称目录），旨在推动国际可持续金融标准趋同。目前，该目录可作为监管机构编制可持续金融分类目录的参考基准，也可作为市场主体发行和交易可持续金融产品的自愿参照和引用标准。

1.3 转型债券

概念：转型债券通常是指支持碳密集产业或高环境影响产业转型发展的债券，在更广泛意义上，其还可以支持其他社会转型活动，助力实现可持续发展目标。

要点：

①与绿色债券不同，转型债券重点支持碳密集产业和高环境影响产业的转型活动。

②转型活动内涵丰富，至少包括三个层次：一是由高碳排放向低碳排放的转型活动，二是由高环境影响向低环境影响的转型活动，三是其

他社会转型发展活动。现阶段，转型债券主要聚焦支持气候或环境转型活动。

③在实践中，转型债券条款设置一般有明确的转型目标和路径，并配套相应科学评价指标、绩效考核机制设计和信息披露安排。

注释：

①转型债券是转型金融的重要组成部分，对绿色金融或绿色债券起补充作用

转型债券是转型金融的重要组成部分，目前，国内外尚无统一、明确的概念界定，主要机构大多围绕气候或环境转型活动展开研究和讨论，强调其对绿色金融或绿色债券的补充作用。

②国际上对于转型债券的认识

二十国集团（G20）的《可持续金融路线图》认为，目前的绿色或可持续金融框架缺乏对转型活动的明确支持，也缺乏转型标准、路径等方面普遍接受的定义、原则和路径，为了扩大支持气候转型活动的金融服务，需要建立一个具有公信力的、支持转型金融活动的政策框架。国际资本市场协会（ICMA）认为，转型金融是带有“转型”标签的金融活动，应当加强发行人在气候转型战略的制定和实施等方面信息披露工作，提升其发行的相关融资工具的市场公信力。气候债券倡议（CBI）认为，转型金融所支持的转型活动，需要坚持五项原则，即“符合1.5度温控目标的碳排放轨迹”“以科学为基础设定减排目标”“不计入碳抵消”“技术可行性优于经济竞争性”“刻不容缓的行动”等。欧盟《可持续金融分类方案》认为，转型活动是为实现减缓气候变化的目标，在尚未提供低碳替代品的部门内做出重大贡献从而满足支持转型需要的相关活动，并将为转型活动提供的金融支持理解为转型金融。日本经济产业省环境创新金融研究组认为，转型是指支持需要较长时间才能实现真正的净零排放的产业向低碳、脱碳方向的转变，转型金融是服务于这一类产业的金融活动，但具体的定义和分类还需要进一步阐释。法国巴黎银行认为，转型金融适用的产业应满足三个条件：一是当前并非绿色产业，二是无法马上变成绿色产业，三是需要且可以更快的变成绿色产业。星展银行认为，转型是通过采用增量解决方案帮助污染行业变得更加环保的过程，转型金融可以在这一过程中提供金融服务。

③国内对于转型债券的认识

中国建设银行认为，根据各国家地区碳中和目标的实现路径，转型金融是指可用于支持传统行业通过技术改造及设备升级等方式减少污染、实现向低碳或零碳转型的金融手段。合格项目类别包括“电力、燃气、蒸汽及空调行业项目，建材行业项目，有色行业项目，钢铁行业项目，石化行业项目，造纸行业项目，航空行业项目”。中国银行认为，转型金融实现形式多元，转型债券是其中一种，属于可持续发展类债券，其募集资金将用于支持传统行业向低碳或零碳转型。香港绿色金融协会认为，转型金融的目的是支持低于常规（business - as - usual）碳排放的技术和活动，这些技术和活动可能不是净零兼容或该行业的最佳替代方案，但是有利于向气候适应型经济的过渡，其重点关注钢铁、水泥、能源等行业。交易商协会认为，转型债券是为支持适应环境改善和应对气候变化，募集资金专项用于低碳转型领域的债务融资工具，也是可持续金融的子品种。上交所指出低碳转型公司债券是指募集资金用于推动企业绿色低碳转型的公司债券，其募集资金用途应符合国家低碳转型相关发展规划或政策文件及国家产业政策要求，用于投向低碳转型领域的金额一般不应低于募集资金总额的70%。

④现阶段转型债券主要聚焦支持气候或环境转型活动

当前，我国转型债券市场发展仍处于起步阶段，相关政策支持和产品开发还处于探索阶段。2021 年，我国推出了可持续发展挂钩债券，它被广泛认为是转型债券的重要形式。2022 年，我国又陆续推出低碳转型公司债券和转型债券，进一步丰富了转型债券产品种类。

需要指出的是，由于现阶段转型债券主要聚焦支持气候或环境转型活动，尚未涉及其他社会转型发展活动。因此，在使用转型债券概念时，宜加之以限定条件，如气候转型债券或环境转型债券等，避免引起分歧。未来，可探索利用转型债券概念服务其他社会转型发展活动，并在此基础上明确转型目标、技术路径和治理方针，设计转型效益指标和信息披露标准，探索产品创新。

1.4　数字债券

概念：数字债券是数字形态的债券，是以债券要素指标的标准化为基础，以数字技术为实现手段，以账户或通证为存储形式的债券。

要点：

①数字债券是以数字化形式存在的债券。

②数字债券是数字技术不断创新并探索应用于债券业务领域的结果。

③数字债券的本质属性仍是债券，其发展和管理应遵循债券业务的本质和规律，做到守正创新、安全可控。

注释：

①数字债券是以数字化形式存在的债券

数字化（digital）是通过二进制代码表示的物理项目或活动，包括标准化和数字技术两个要素。标准化是指对事物的底层信息标准化，即将所有要素都用统一的标准和数据格式进行刻画，如指标名称、指标定义、指标值和指标单位等。数字技术是利用一定的设备将信息转化为电子计算机能够识别的二进制数字，进而对信息进行运算、加工、存储、传送、解码的技术。

②数字债券是数字技术不断创新并探索应用于债券业务领域的结果

数字技术自计算机信息技术、网络通信技术兴起以来就存在，并不断发展创新，目前的区块链、大数据、云计算等仅是实现数字技术的手段之一，而非全部。因此，数字债券可分为基于非区块链技术的账户债券和基于区块链技术的债券，两者的区别在于是否以区块链技术为数字化手段。

中国债券市场基于先进的计算机信息技术，已经实现了账户模式的数字债券，实现了债券全生命周期的数字化处理：中央结算公司成立后，对债券发行、登记、托管、交易、结算等全生命周期实现了债券的标准化，以统一的代码、格式和数据对债券各要素进行记录；实现债券无纸化转型，以电子簿记方式记录债券信息；推动账户体系向简洁化、扁平化的方向完善，支持集中统一账户体系的建立。

随着数字技术创新不断深化，人工智能、区块链、大数据、云计算、物联网等技术不断应用于债券业务领域，推动数字债券发展。其中，区块链技术具有分布式记账、不可篡改、不可伪造的特征，为数字债券带来新的数字化手段、新的记账模式。基于区块链技术的债券是数字债券的一种形态，是利用区块链技术将债券要素进行数字化，并存储在区块链分布式账本上的数字债券。

③数字债券的本质属性仍是债券，其发展和管理应遵循债券业务的本质和规律，做到守正创新、安全可控

新兴技术推动债券的创新仅是底层技术的改变，没有改变债券性质，数字债券的本质属性仍是债券。数字债券的发展和管理应遵循债券业务的本质和规律，以维护金融稳定为前提，做到守正创新、安全可控。一是坚持中心化管理。区块链数字债券的底层技术特征是分布式记账，但是运营机制仍需要中心化管理，应由 CSD 实施中心化管理，同时接受市场监督。二是对于 CSD 建设运维的区块链数字债券系统，应以 CSD 节点的账本记录作为确权依据。三是应严格按照监管要求设置数据访问权限，做到数据整体安全可控。

概念二：债券发行

2. 债券发行

概念： 债券发行是指符合条件的机构以筹集资金为目的，依照法定程序创设债券并向投资者出售的过程。

要点：

①债券发行方式包括招标发行、簿记建档发行、协议定向发行等。

②债券发行主体包括政府机构、金融机构、非金融企业、境外机构等。

③债券发行业务流程一般包含发行前的准备工作、信息披露、投标／申购、确定中标／配售、结果公布、分销[①]、缴款、登记托管等。

④债券发行服务是债券全生命周期一体化服务体系的起点，也是其中重要一环，即为债券发行业务参与方提供的发行前、中、后全方位业务、技术支持服务。债券发行服务由CSD提供，是兼具高效性、安全性、透明性的安排。

⑤中央结算公司经主管部门授权，提供债券发行服务。中央结算公司作为CSD提供发行服务具有后发优势。

⑥在无纸化债券发行下，CSD为债券发行提供认证服务，记录并保存债券发行电子合同。

---

① 债券分销是指在规定的分销期内，中标承销团成员将中标的全部或部分债券的债券额度转让给其他非承销团成员的行为。

⑦国际CSD也在积极开展发行服务。

注释：

①债券发行方式包括招标发行、簿记建档发行、协议定向发行等

债券发行方式包括招标发行、簿记建档发行、协议定向发行等。其中，招标方式包括数量招标、价格招标、利率招标、利差招标。中标方式包括等比数量中标、统一价位中标、多重价位中标、混合式中标。簿记建档方式包括数量簿记、利率簿记、价格簿记和利差簿记。配售方式包括等比数量配售、统一价位配售、多重价位配售和混合式配售。

中国政府债券、政策性银行债券、规模较大的企业信用债券和铁道债券多采用招标发行，金融债券和公司信用类债券等多采用簿记建档发行。

②债券发行主体包括政府机构、金融机构、非金融企业、境外机构等

债券发行主体包括政府机构、金融机构、非金融企业、境外机构等。在我国，发行主体应按要求披露发行工作有关事宜及相关信息。根据中国人民银行、财政部、证监会等主管部门的要求，政府债券、金融债券、企业债券等券种的发行文件、发行结果、发行计划等信息应在中国债券信息网等主管部门指定平台进行披露。

③债券发行服务由CSD 提供是兼具高效性、安全性、透明性的安排

首先，发行与登记托管结算业务密切相关，在同一机构开展能够实现业务的完整性和一体化、数据的及时同步。发行结果公布后即进入分销缴款、债权确认处理环节，需要通过在登记托管结算机构开立债券账户与资金账户完成。相关业务在同一个机构开展时，发行结果相关信息记录可直接同步至电子簿记系统，从而实现发行当日向投资者分配，时效性得以保证，同时也可在登记托管机构以券款对付（DVP）方式办理分销结算，保证结算最终性，还避免信息多机构传送、系统衔接问题，保障信息安全性与透明性。此外，由 CSD 提供发行服务也有助于推动债券一级市场和二级市场协调联动效应。

其次，由 CSD 提供发行服务，有助于实现信息集中统一管理。CSD 可依托包含发行、登记托管、付息兑付等业务的综合服务系统，形成覆盖一、二级市场的数据直联功能谱系，不仅可以通过提供持有人身份识别服务，使发行人更清楚投资者的情况，增加信息透明度，还可为主管部门及市场提供数据服务，积极履行一线监测职能，并助力债券定价市场化程度实现新提升。

最后，CSD 可以有效连接投资者和发行人，实现规模效应，更好地支持宏观政策。CSD 能够凭借专业技术开发和服务支持团队、安全高效的业务系统和联网资源，有效连接发行人与投资者。对于发行人而言，能够接触广泛的投资者，从而保证资金和流动性来源的稳定性、可预测性，提高发行成功率，满足融资需求；对于投资者而言，认购后可直接获得二级市场流动性、抵押品管理服务等。这在支持政府债券发行、公开市场操作等宏观政策调控方面尤为重要。

④中央结算公司经主管部门授权，提供债券发行服务

中央结算公司是经财政部、中国人民银行、证监会等主管部门授权的，国债、央行票据、地方政府债、金融债、企业债等债券发行提供业务技术支持机构，并提供信息披露、发行定价、发行数据产品等相关发行服务。

中央结算公司开发的债券综合业务系统涵盖发行服务的设计是凝聚国内外共识的体现，有效推动债券发行实现无纸化。20 世纪 90 年代初，经主管部门决定，中央结算公司前身中证交负责承接世界银行技术援助项目，设计政府债券簿记系统，其中涵盖发行服务，为国债无纸化发行提供关键支持，以高起点、高标准助力债券市场运行效率提升。该系统设计既体现了财政部、人民银行等监管部门会同国内外行业专家共同考察研究的结果，也是在充分掌握全球实践经验和结合中国国情基础上形成的整体设计，为中央债券综合业务系统奠定了基础，有效实现了系统集成化，支持了债券全生命周期一体化服务，也得到了主管部门的高度认可。2002 年，中央债券综合业务系统（二期）通过中国人民银行科技司组织的专家鉴定，获得“银行科技发展一等奖”。

⑤中央结算公司作为CSD 提供发行服务具有后发优势

债券综合业务系统功能完备、性能强大，实现集成化，能够为政府债券、金融债券、企业债券等多券种提供多元化的发行服务，也搭建了宏观政策业务和技术平台。1996 年，债券综合业务系统支持人民银行首次采用远程数量招标方式发行中央银行融资券；此后，提供以央行票据发行为代表的公开市场操作业务技术支持服务，成为货币政策的重要支持平台；支持国家开发银行和进出口银行金融债券招标发行，助力债券发行市场化与规范化；支持财政部发行记账式国债，正式成为实施财政政策的重要平台；进一步支持财政部实现国债跨市场统一发行；建设“发行一站通”平台，对包含发行前、中、后期服务在内的全链条系统服务提供支持，实现与信息披露、登记托管等业务系统的功能互联与数据同步，支持系统集成性、完备性。

⑥在无纸化债券发行下，CSD也为债券发行提供认证服务，记录并保存债券发行电子合同

中国债券发行无纸化，即发行人与投资者均通过系统完成债券发行与认购活动。实践操作中，发行人、认购人在系统中录入并传输发行债券、认购数量等相关信息，系统依据既定的发行规则，生成债券发行结果并由发行人确认。中央结算公司作为电子发行系统的维护主体，妥善保管发行活动的相关数据，对债券发行行为予以认证，记录并保存基于发行系统生成的电子发行合同，便于在相关主体发生纠纷后，提供真实、准确、客观的事实，便于司法部门认定。

⑦国际CSD也在积极开展发行服务

美国现有两大国债招标系统分别由美国财政部及美联储开发并运营

管理[①]。美国的CSD美国证券存托与清算集团（DTCC）的子公司证券存托公司（DTC）也提供发行人服务，主要是信息交互服务，即通过中央通信和信息资源，保证信息的及时性、准确性、透明性。一是法律通知系统（LENS）服务，提供由第三方代理机构、法院和证券发行人发布的有关DTC合格证券的通知；二是证券头寸报告（SPR）服务，为发行人、受托人和第三方代理机构提供关于DTC参与者持有的发行人证券头寸的相关信息。

明讯银行于2019年推出自动化发行平台eMission。该平台作为欧洲发行人门户（European Issuer Portal，EIP）的核心，可以提供自动化一站式服务，包括电子准入、发行、分销、存管、结算等，以及发行后的综合服务。此外，欧清集团、明讯银行也发挥专业优势，为发行人提供合规性评估，使其满足多司法管辖区的监管要求；并通过与国际资本市场协会、国际资本市场服务协会、国家编号机构协会等机构密切合作，提高发行流程的标准化，降低发行人及其投资者的风险和成本。

2.1　发行券款对付（DVP）

概念：发行DVP是指证券登记托管结算机构以DVP方式完成债券发行业务结算，即同步实现债券交付与资金交收，是国际上较为通行的证券一级市场结算方式。

要点：

①发行DVP包括分销DVP和缴款DVP。

②发行DVP具有诸多好处，国际标准推荐采取发行DVP制度。

③中央结算公司已全面实现二级市场DVP结算，达到国际先进

① 美国国债发行由财政部主要负责制订全年计划，纽约联储作为财政代理人负责组织具体招标和发行。美国现有两大国债招标系统：财政部直接登记系统（Treasury Direct，TD）和国债自动招标处理系统（Treasury Automated Auctions Processing System，TAAPS）。TD系统用于处理规模较小的可交易国债的非竞争性招标和储蓄国债的认购发行，并实现电子簿记，由美国财政部运营和管理，于1986年投入运行。TAAPS系统则用于处理面向一级交易商等主要大型投资人进行的，规模最大的竞争性招标，由美联储开发和管理运营，于1993年正式投入运行。

标准。

④中央结算公司积极推行发行DVP。目前已实现一级市场分销DVP，并完成一级市场缴款DVP系统建设、制定发布业务指引规则，待主管部门同意后即可正式实施。

注释：

①发行DVP包括分销DVP和缴款DVP

在证券登记托管结算机构服务的承销[①]团发行模式中，发行DVP通常包括分销DVP和缴款DVP。其中，分销DVP是指主承销商和认购人之间的券款对付，缴款DVP是指主承销商和发行人之间的券款对付。

②发行DVP具有诸多好处，国际标准推荐建立发行DVP 制度

建立发行DVP机制可以显著提高发行效率、强化安全保障。提高发行效率体现在缩短发行期间，使债券分销结算、债券发行缴款和债券确认环节在同一日内完成，实现债券与资金同步交收。强化安全保障是指实行不透支不垫支、分户核算机制，降低缴款风险，避免承销商挪用分销认购资金。

国际标准推荐建立发行DVP制度。《证券结算系统推荐标准》（*RSSS*）明确指出，参照证券二级市场交易结算，可以而且应该将DVP结算机制应用于证券发行。各国证券一级市场结算系统应努力达到此标准。

③中央结算公司已全面实现二级市场DVP结算，达到国际先进标准

2004年，中央结算公司债券综合业务系统与大额支付系统联网运行，实现商业银行债券交易券款对付（DVP）结算。2013年，中国人民银行就进一步强化银行间债券市场债券交易券款对付结算要求有关事项发布公告："全国银行间债券市场参与者（以下简称市场参与者）进

① 债券承销是指承销商接受发行人的委托，并按发行人要求把债券销售到机构投资者、社会公众投资者，帮助发行人筹集资金的行为。

行债券交易，应当采用券款对付结算方式办理债券结算和资金结算。”中央结算公司已全面实现债券二级市场 DVP 结算，达到了《证券结算系统推荐标准》（*RSSS*）要求，保障了债券交易的安全高效，成为中国债券市场和金融基础设施达到国际先进水平的主要标志之一。

④中央结算公司积极推行发行DVP，目前已实现一级市场分销DVP，并完成一级市场缴款DVP 系统建设、制定发布业务指引规则，待主管部门同意后即可正式实施

中央结算公司已实现债券一级市场分销 DVP。中央结算公司根据承销商与认购人的分销协议与分销结算合同，在结算双方指定的结算日，根据分销结算指令从认购人账户中自动实时、逐笔扣除认购款并汇缴承销商，同时将承销商认购的并已记入其债券账户中的债券承销额度过户给认购人。

中央结算公司已完成债券一级市场缴款 DVP 系统建设，业务指引规则也已制定发布，待主管部门同意后即可正式实施。以在中央结算公司发行的债券为例，通常模式下，债券缴款日当天承销团成员需将各自认购债券的发行款通过线下方式缴给发行人，发行人核对收缴发行款无误后以书面方式告知中央结算公司，中央结算公司再给该只债券进行债权确认并办理上市。若使用发行缴款 DVP 结算，发行人先设置发行款收缴时间，在该时间内，中央结算公司通过系统从承销团成员的账户中自动实时、逐笔扣除发行款并汇缴发行人，同时对债券进行债权确认和办理上市，能够显著提高发行效率。

2.2　跨市场统一发行

概念：跨市场统一发行是指在统一系统或场所中，面向不同市场投资者发行，并由同一机构完成总登记托管、结算、代理本息兑付及信息披露等业务环节的发行行为。

要点：

①跨市场统一发行的核心在于“跨市场发行+ 统一登记托管”

机制。

②跨市场统一发行是一级市场互联互通有效安排，可以同时满足前台多元化、后台一体化要求，有助于促进一级市场定价市场化，为完善债券收益率曲线创造重要条件。

注释：

①跨市场统一发行的核心在于“跨市场发行+统一登记托管”机制

跨市场统一发行已在中国政府债券、企业债等品种中实现。政府债券通过财政部政府债券发行系统统一发行，企业债通过证监会的认可发行系统发行。中央结算公司经主管部门授权，为跨市场发行提供统一场所、维护发行系统，并已提供与交易所子市场的数据接口，同时履行总登记托管、结算、代理本息兑付及信息披露职责，为跨市场的债券投资提供互联互通支持服务。

②跨市场统一发行是互联互通有效安排

跨市场统一发行，一方面可以通过灵活多元化的前台触及不同类别投资者，为发行人拓宽融资渠道，充分利用各个市场筹集资金，提高发行成功率，同时满足投资者多元化投资需求，吸引不同平台投资者，分享投资收益；另一方面能够通过统一的托管结算后台确保多而不散、放而不乱，保障债权债务关系清晰，实现信息集中统一，有助于进一步完善债券发行、交易制度，促进形成统一、有效的收益率曲线和价格产品，夯实中国发行市场化定价基础。

2.3 远程发行

概念：远程发行是指承销机构在其所在地通过计算机系统以非现场方式进行投标或申购操作的发行方式。

要点：

①与集中现场发行相比，远程发行具有显著优势。

②招标端的设置分为主管部门指定的发行场所和发行人或簿记管理人处。

③中央结算公司为远程发行提供安全高效的专业服务。

④伴随现代信息技术的不断发展，也可实现发行人在其指定的办公场所通过发行系统以非现场方式进行招标发行。中央结算公司可灵活支持招标端远程招标。

注释：

①与集中现场发行相比，远程发行具有显著优势

与集中现场发行相比，远程发行打破投标端的物理限制，具有效率高、交互性强、覆盖面广、方便灵活的显著优势，可以在极大程度上便利承销机构，降低整体发行成本。

②招标端的设置分为主管部门指定的发行场所和发行人或簿记管理人处

招标端的设置分为两种。一种是招标端设置于主管部门指定的发行场所，如政府债券、政策性金融债券、企业债券须在指定的金融基础设施提供的发行场所发行。一种是招标端可设置于发行人或簿记管理人处，如金融债券可选择在簿记管理人处发行。招标端设置于金融基础设施，投标端设置于承销机构处是当前债券发行的主流模式。

③中央结算公司为远程发行提供安全高效的专业服务

在当前的主流发行模式下，发行人在主管部门指定的发行场所进行招标发行，承销商通过计算机终端在分散区域中进行债券投标，为保证发行定价的公平公正，需进行严格的发行现场管理，防止信息泄露和利益输送。同时，承销商的区位极为分散，在同一时间段内进行投标操作，对发行系统的稳健性、自动性提出更高要求。相关主管部门均对招标现场实行严格的人员管理、通信管理、技术支持部门管理、应急投标管理。

中央结算公司作为国家重要金融基础设施，1998 年在国内率先建成债券远程发行系统，支持债券市场首只债券远程招标发行，开启债券市场化发行进程。历经20余年的发展，中央结算公司为各类券种提供远程发行服务，积累形成了一套成熟的业务规则，在服务券种种类、系统先进性、服务水平等方面在全球范围内都具备领先性。

在发行系统建设方面，中央结算公司顺应市场发展的创新性服务需求，建设并推出“发行一站通”平台，形成对包含发行前、中、后期服务在内的发行全链条的系统服务支持，为监管部门、市场成员提供功能完备、现代化的发行定价专属化服务平台，不断提升债券发行定价效率。

在发行现场保障方面，中央结算公司是国债、地方政府债、政策性金融债、企业债等券种的技术支持部门，按照管理部门的管理要求，落实发行过程的安全、保密要求，持续做好发行现场的业务支持保障工作。

④可实现发行人以非现场方式进行招标发行，中央结算公司可灵活支持招标端远程招标

伴随现代信息技术的不断发展，也可实现发行人在其指定的办公场所通过发行系统以非现场方式进行招标发行，进一步降低发行人的发行成本[①]。

中央结算公司可灵活支持招标端远程招标。招标端远程招标，指的是招标端设置于发行人或簿记建档人处，在其办公场所进行发行。与招标端设置于金融基础设施的模式相比，招标端远程招标可降低发行人的时间成本和经济成本，具备一定的便捷优势。但是在安全方面，招标端远程招标发行现场管理主要依靠发行人自律管理，为保证发行定价的公平公正性，一般不用于招标发行。

中央结算公司以客户需求为导向，不断创新发行服务模式，积极探

① 明讯银行推出eMission自动化发行平台，通过开发一级市场发行API服务（应用程序编程接口），允许IT系统之间通过标准化、规范化接口进行无缝交互，发行人通过定制明讯API产品，在线接入（Online portal）明讯eMission自动化发行平台，实现发行过程中发行人、发行服务机构、承销机构三者物理上的零接触。

索安全高效的招标端远程招标，具备相关服务支持能力，可根据主管部门和客户需求，灵活支持招标端远程招标模式发行。

2.4　离岸发行

概念：发行人在所在国境外或境内的离岸债券市场，面向境外投资者发行债券。发行人面向离岸投资者发行债券。

要点：

①离岸发行包括两种形态，即在境外离岸市场发行和在境内离岸市场发行。

②离岸发行较为自由灵活，可充分贯彻交易者意思自治原则，简化发行规则，为债券发行人提供了更多选择。

③金融基础设施是债券市场高效运行的坚实基础和对外开放的重要支撑，在离岸发行中的作用越来越突出。

注释：

①离岸发行的发展历程

离岸发行起源于欧洲债券市场。20 世纪 60 年代，由于美国资金不断外流，美国政府采取了一系列措施，限制美国居民购买外国在美发行的债券，于是一些欧洲国家开始在美国境外发行美元债券，欧洲债券由此诞生。欧洲债券最初主要以美元为计值货币，发行地以欧洲为主。[①] 70 年代后，欧洲债券逐渐成为国际融资的主要形式之一，并很快突破了美元单一币种和欧洲地理范畴，以德国马克、瑞士法郎和日元为计值货币的比重逐渐增加，在亚太、北美以及拉丁美洲等地发行的欧洲债券也日渐增多。

中国的离岸债券发行起源于20 世纪 80 年代后期，中信集团、中国银行、国家开发银行等中资机构陆续赴境外发行债券。2015 年外债管

---

① 1963 年第一笔欧洲债券由意大利高速公路网（Autostrade）发行，期限为 6 年，金额 1500 万美元。欧洲债券同其他种类债券的最大区别是免预扣税，无记名，也不需要官方登记，一问世就受到投资者的热捧。

理政策放松[1]，中资境外债迈向快速发展阶段。随着中国经济实力的日益增强以及中国债券市场国际地位的提升，国际投资者对中资境外债的认可度逐渐提高。目前中资境外债券以美元计价债券为主，其次是欧元债券和人民币债券。

传统的中资境外债由境外中央托管机构提供债券托管服务，债权债务关系登记在境外，国内监管部门难以充分掌握企业外债风险情况，无法实现穿透监管。同时，资金清算依赖美元清算通道，在跨境支付方面存在安全隐患，境外司法裁判也存在处置风险。近年来，我国也在探索境内自贸区离岸发行、以平行账户支持境外发行等方式。

②自贸区离岸发行

境内自贸区离岸市场定位于“在岸的离岸市场”。境内重要金融基础设施为离岸债券的发行、登记、托管、结算等环节提供服务，以境内登记服务跨境发行，支持我国债券市场对外开放、国际金融中心建设和人民币国际化。

③以平行账户支持境外发行

为了支持人民币债券离岸市场发展，我国推出以境内中央登记支持境外发行服务的模式。境内金融基础设施与澳门机构合作，将内地成熟、先进的发行系统和债券管理制度运用到澳门债券市场，推动澳门本地债券发行、交易、登记、托管和结算等系统建设。2019 年 7 月，财政部在澳门发行首只人民币国债，中央结算公司与中华（澳门）金融资产交易股份有限公司（MOX）提供全面支持，探索“平行账户、同步登记、中央确权”的发行登记结算模式。

---

① 国家发展改革委将境内企业及其境外分支机构发行 1 年期以上的债务工具（包括债券和商业贷款）由之前的额度审批制改为事前备案制。同时，人民银行发布全口径跨境融资宏观审慎管理相关办法，非金融企业和金融机构可在跨境融资风险余额上限范围内自主开展本币跨境融资。

概念三：代理付息兑付

3. 代理付息兑付

概念：代理付息兑付是指登记托管结算机构接受债券发行人委托，代发行人向债券持有人拨付债券利息、本金、收益等资金的行为。

要点：

①代理付息兑付涉及三个重要日期概念：付息／兑付日、债权登记日、资金支付日。

②代理付息兑付包括付息、到期兑付、提前兑付、收益分配等。

③付息兑付行为必须以债券登记托管机构在债权登记日确定的债权债务关系为依据。

④从法律关系而言，代理付息兑付是委托行为。

⑤债券到期兑付资金拨付后，债权注销。

⑥代理付息兑付与公司行为业务存在一定联系。

⑦债券登记托管机构开展代理付息兑付业务具有信息优势、专业优势、效率优势以及安全优势。

⑧我国债券市场1996年建立了以中央确权、一级托管为主的登记托管体制，中央登记托管机构同时为债券发行人和持有人提供登记、托管、结算、付息兑付等服务。以付息兑付为例，中央登记托管机构受发行人委托，归集付息兑付相关资金并代为拨付，在发行人资金按时、足额到账的情况下，按照其指定的汇路完成相关资金划拨，并进行债券权

益变更。在这一模式下，代理付息兑付业务的各环节运行顺畅，账户设置简洁透明，资金流动清晰高效安全，规模效益明显，显著优于部分国家债券发行人和持有人分别委托不同机构代为办理资金划拨、债券权益维护的模式，是全球领先的债券市场基础制度安排。

注释：

①代理付息兑付涉及以下三个重要日期概念：付息/兑付日、债权登记日、资金支付日

付息/兑付日：根据发行文件约定，债券发行人应当向债券持有人支付债券利息/本金的日期。其中，债券存续期内支付利息的理论日期为付息日，债券到期兑付本金和收益资金的理论日期为兑付日。这一日期根据起息日及付息频率等要素确定，不因公休日及法定节假而改变。

债权登记日：债券每次付息/兑付前的权益登记日，债券到期兑付时，债权登记日与截止过户日（交易流通终止日）为同一天。债权登记日日终持有该债券的投资人，享有该债券本期兑付本金及本期利息，但法律另有规定或者当事人另有约定的除外。

资金支付日：债券登记托管机构代理债券发行人向持有人拨付债券利息/本金的实际日期。通常与付息/兑付日为同一天，遇公休日及法定节假日的，顺延至其后第一个工作日。

②代理付息兑付包括付息、到期兑付、提前兑付、收益分配等

付息是指债券付息日，债券登记托管结算机构代理发行人向债券持有人划付债券利息的行为。

到期兑付是指债券兑付日，债券登记托管结算机构代理发行人向债券持有人划付债券剩余全部未偿还本金和利息，并办理债权全部注销的行为。

提前兑付是指债券兑付日前，债券登记托管结算机构根据发行文件或者发行人通知，代理发行人在指定日期向债券持有人划付债券部分或者全部本金和利息以及变更债权债务关系的行为。

收益分配是指债券登记托管结算机构根据受托机构通知，代理受托机构在指定日期向资产支持证券次级档持有人划付收益资金的行为。

③从法律关系而言，代理付息兑付是委托行为

债券登记托管结算机构受发行人委托履行代理资金拨付行为，要求发行人在约定时间节点及以前应按时将拨付资金划拨给债券登记托管结算机构，发行人未按时履行划拨义务的，债券登记托管结算机构有权向市场公告相应事实。

④代理付息兑付与公司行为业务存在一定联系

公司行为业务是指在债券发行结束并确立债权债务关系后由发行人发起或者发行人赋予投资人发起，对债券结构和债权债务双方关系产生影响的行为。

公司行为业务包括代理付息兑付，除此之外还包括信息披露服务、含选择权债券的选择权处理服务。

⑤债券登记托管机构天然具备开展代理付息兑付业务的客观条件

一是信息优势。在实践中，债券登记托管机构掌握真实准确的账户信息，提供统一的、法定的债券托管，在债券账户中进行账务记载、权益管理和维护，因此能够确保在债券存续期内及时准确全面地记录持有人信息变动情况，并支持持有人查询债券付息兑付单据和台账，了解付息兑付的债券数量、资金额等。进一步地，如果债券持有人以自身名义在中央登记托管机构直接开立债券账户，中央登记托管机构可实时掌握并负责维护债券持有人明细账簿，无须通过中间层参与者，账户体系简介透明，中间环节少，因此能够有效避免资金划转错误等操作风险，在最大限度上保护市场各方参与者的利益。

二是专业优势。债券登记托管机构作为独立权威的第三方，在管理部门授权下负责对债券权属进行确认，维护投资者名册，保障投资者名册的完整性、真实性、准确性。由此决定了债券付息兑付操作必须基于登记托管机构在债权登记日确定的债权债务关系，才能最大限度地保障发行人和持有人的合法权益，保障债券市场平稳安全运行。同时，根据我国债券市场管理部门相关政策要求，债券发行人应在债券到期日或付息日前的指定日期，在管理部门指定的信息披露平台上以公告形式披露债券付息兑付的具体事项。

三是效率优势。债券登记托管机构同时连接发行人、持有人、中介机构，是债券全生命周期业务顺畅运行的中枢，具备较为丰富的账务操作和资金业务实践经验，具有成熟先进、高效安全的业务系统。尤其是在“中央登记、一级托管”制度安排下，债券持有人的债券账户和资金账户由中央登记托管结算机构维护，中央登记托管结算机构能够在发行人资金按时、足额到账的情况下，于资金支付日通过电子簿记系统同步完成账户间的借记、贷记操作，实现付息兑付资金的即时便捷划拨，并基于上述操作完成情况及相关要求，即时完成债券状态及相关权利的变更登记。

四是安全优势。得益于信息技术的飞速发展，国家重要债券登记托管结算机构往往建立了发达的业务系统，能够确保付息兑付相关数据的电子化、不落地传输，从而可以有效规避各业务环节和不同机构之间系统衔接、数据交换、人为干预的风险。债券登记托管结算机构在资金支付日当天即时完成相关债券的债权债务关系的变更登记和托管账户信息更新，以保护市场各方参与者的利益，这为最大限度降低流动性风险创造了重要条件。同时，如果采用一级托管为主的制度安排，则付息兑付的安全性将进一步提高。在这一制度安排下，债券持有人享有完整的债券权益，并与发行人存在直接的法律关系，如果在付息兑付过程中发生纠纷或相关正当利益受损，持有人能够直接向发行人主张权利，最大限度避免损失。此外，一级托管安排实现了账户和债券持有人一一对应，这使监管部门能够掌握持有人的真实身份，把握债券存续期内资金的真实变动情况，并及时采取必要的安全监管措施，因此能够最有效地落实穿透监管原则。

⑥中央结算公司债券付息兑付业务发展历程

中央结算公司作为我国债券市场最早设立的中央登记托管机构，早在 20 世纪 90 年代即开创性地为我国债券市场提供债券付息兑付业务，其业务发展过程代表了我国债券付息兑付业务发展历程。

依托前身办理政策性金融债代理付息兑付业务，奠定我国债券基础设施建设事业起点高、发展快的后发优势。1994 年起，在中国人民银行的指导下，中央结算公司的前身中证交就债务工具的登记、托管与结算体系的业务模式和系统建设做了大量研究和开发等前期工作，参照国际做法并结合我国当时情况，设计了业务模式并研发了债券簿记系统，为当年发行的全部 600 多亿元政策性金融债代理办理还本付息业务，提供统一的债券登记托管服务。1995 年至 1996 年，中证交在人民银行和财政部的指导和支持下，承接了世界银行“中国政府债券簿记系统设计”技术援助项目，这是我国支付系统的五大子系统之一。通过项目研究、国际考察调研、系统建设等过程，中证交全方位地了解国际金融市场簿记系统运作形式，形成了大量理论成果，积累了丰富的系统开发建设和业务操作等实践经验。

系统建设持续优化，开创性地实现债券代理付息兑付自动化处理。1996 年，中央结算公司正式成立，初创时期即运行中国人民银行电子联行系统，采用手工逐笔填制汇款单的形式开展托管债券付息兑付资金拨付业务。2001 年，经中国人民银行批准，中央结算公司加入电子联行，采用“天地对接”的方式实现了我国债券付息兑付资金的电子化划拨。2002 年，中国人民银行上线支付系统，批准中央结算公司在支付系统开通即时转账业务前通过前置机办理资金汇兑业务。2004 年，中央结算公司开发建设运行的中央债券综合业务平台正式对接中国人民银行大额支付系统，在支付系统开立清算账户，通过自身清算账户以第三方身份直接向大额支付系统发起借、贷记有关清算账户的即时转账业务，实现了我国债券付息兑付资金自动化拨付处理。

业务形态不断优化，服务质效稳步提升。2015 年，为更好配合我国债券市场高质量对外开放，向境外央行提供符合国际标准、更为安全高效的付息兑付服务，中央结算公司在中国人民银行的指导下，全力推进境外央行 DVP 结算及付息兑付自动化处理，2016 年，中央结算公司发布上海自由贸易试验区债券业务指引，承担自贸区债券业务的代理付息兑付职能，并通过商业银行自由贸易（FT）资金账户办理相关资金结算。

3.1 跨市场流通债券付息兑付

概念：跨市场流通债券付息兑付是指债券付息兑付资金跨市场拨付。

要点：

①付息兑付资金跨市场拨付涉及不同市场拨付机构之间的业务协调。

②银行间市场付息兑付资金拨付机构是中央结算公司，交易所市场付息兑付资金拨付机构是中国结算。

③集中托管在中央结算公司的跨市场流通债券，面向机构投资者的付息兑付资金跨市场拨付存在两种模式，分别是以中央结算公司为主拨付机构模式和中央结算、中国结算双拨付机构模式。

④跨市场付息兑付需发行人面向两个拨付机构，满足不同的拨付要求，易产生操作风险，应尽可能减少参与主体，缩短业务流程，提高整体效率。

注释：

①主拨付机构模式：政府债券跨市场付息兑付

主拨付机构模式以政府债券为代表，发行人将两个市场的债券付息兑付资金全量划付至中央结算公司，由中央结算公司代发行人将交易所市场付息兑付资金拨付至中国结算，再由中央结算公司和中国结算分别向银行间市场、交易所市场的投资者进行资金拨付。在该种模式下，中央结算公司承担付息兑付资金的总协调角色。

主拨付机构模式流程较为简便，与现行的登记托管体系相匹配，与国际通行的支付习惯一致，是当前跨市场债券付息兑付的最佳实践。

其一，主拨付机构模式提升整体拨付效率，仅需发行人向中央结算公司拨付一次付息兑付资金，降低发行人向两个托管机构划拨资金的操作风险，在实践中运行良好。其二，主拨付机构模式可实现债券付息兑付资金的集中管理，便于发行人及主管部门及时掌握兑付资金落实情况。其三，主拨付机构模式是中央结算公司总登记托管职责的自然延伸。中央结算公司是跨市场流通债券的总登记托管人，于转托管停办日日终对各流通市场托管机构分托管量进行核对确认。以此作为发行人核算向各相关托管机构支付付息兑付资金的依据。因此，中央结算公司作为总登记托管人在兑付日前已经统筹协调跨市场流通债券的付息兑付准备工作，在兑付日的支付环节由中央结算公司统筹资金划付是其职责的进一步延伸。其四，主拨付机构模式与国际支付惯例一致。国际上在涉及多个司法辖区的债券发行中，发行人一般会委托多个支付代理人[①]（Paying Agent），其中一名将发挥总协调作用，被称为主要支付代理人（Principal Paying Agent），由其将发行人的付息兑付资金划拨给各个支付代理人进行拨付。主拨付机构模式在体系架构上与此种国际惯例保持一致。

②双拨付机构模式：企业债券跨市场付息兑付

双拨付机构模式以企业债券为代表，发行人将银行间市场和交易所市场付息兑付资金分别划付至中央结算公司和中国结算，后由中央结算公司和中国结算分别向两个市场的投资者进行资金拨付。

① 支付代理人是接受证券发行人的付款，代表发行人向证券持有人支付股息、息票和本金。支付代理人一般是银行或信托公司，除直接支付资金外，还可提供额外的投资管理服务。

双拨付机构模式需要发行人同时面向两个拨付机构拨付资金，整体效率降低。而且发行人需面向两个拨付机构，要遵守不同系统的要求，操作风险增大。

3.2 利息所得税代扣代缴

概念：登记托管结算机构针对境外机构投资者、柜台个人投资者投资境内债券市场取得的债券利息收入提供的税收服务，包括代扣、代缴、代报等。

要点：

①代扣是指登记托管结算机构计算利息所得税并向境外投资者、柜台个人投资者支付税后利息的服务。代缴是指登记托管结算机构将代扣所得税统一缴纳给税务机关的服务。代报是指登记托管结算机构代投资者向税务机关提供税收相关文件的服务。

②税收服务是在托管结算机构传统付息兑付服务基础上的自然延伸，可实现低成本、高效率税收征缴。

③允许境内登记托管结算机构开展税收代扣代缴服务具有未雨绸缪保护国家财产的现实紧迫性，可为境外投资者提供稳定税收预期，进一步提高中国债市吸引力。

注释：

①境内债券利息所得税征收现状

因税收政策原因，境内托管结算机构尚未开展税收代扣代缴代报服务，个别机构仅提供相关计算、资金汇缴等辅助服务。

境外机构投资者利息所得税由发行人代扣代缴。根据《财政部、税务总局关于境外机构投资境内债券市场企业所得税增值税政策的通知》，自2018年11月7日起至2021年11月6日止，境外机构投资境内债券市场取得的债券利息收入免征企业所得税和增值税。根据《财政部、税务总局关于延续境外机构投资境内债券市场企业所得税、增值税政策的公告》，免税政策自 2021 年 11 月 7 日起延续至 2025 年 12 月 31 日止。免税政策出台前，根据《企业所得税法》规定债券发行人为境外投资者利息所得税的扣缴义务人。但由于发行人不直接掌握持有人利息收入明细及其税收申报相关信息，需要向中央托管机构申请获取持有人明细，债券发行人几乎从未履行境外机构投资者利息所得税代扣代缴义务，境外机构投资者利息所得税面临无法缴纳的窘境。

个人投资者的债券利息所得税由证券公司或发行人代扣代缴。交易所市场上的企业债券，由证券公司在债券付息时代扣代缴个人所得税。个人投资者在交易所市场持有的其他类型债券，由发行人在债券付息时代扣代缴个人所得税。上市公司派发股息红利时，由上市公司统一代扣代缴，中国结算受上市公司委托，为其计算投资者应缴税款并将证券公司和托管银行扣划的税款统一划付至上市公司。

②中央登记托管结算机构提供税收代扣代缴服务的优势

第一，税收代扣代缴服务是托管结算机构在传统付息兑付服务基础上的自然延伸。中央托管结算机构受发行人委托提供付息兑付服务，天然掌握债券持有人利息收入明细，可在现有系统计算各投资者应收利息金额并完成资金拨付的基础上，同时计算投资者利息所得税并在付息日向其支付税后利息，在原有的付息兑付环节就可同时实现一体化税收征缴，是实现规模经济的最佳选择。

第二，允许境内托管结算机构实施代扣代缴服务具有未雨绸缪的现实紧迫性。在免税政策出台前，发行人履行代扣代缴义务，客观上不直接掌握持有人利息收入明细及其税收申报相关信息，需自行计算相关税费，也没有动力严格完成税收代扣代缴工作。当前，免税政策即将到期，允许境内托管结算机构实施代扣代缴服务，可简化征管流程，直接通过系统集成化操作，同时中央托管结算机构可履行国有企业职责，可严格落实税收征管规定，可有效化解税收征管困境，是未雨绸缪保护国家财产、切实提高税收征管水平的现实选择。

第三，允许境内托管结算机构实施代扣代缴服务可提高中国债市吸引力。近年来，随着免税政策接近尾声，一些托管行认为未来税收政策存在不确定性。在当前免税政策带来的窗口期，为境外投资者提供稳定的税收政策预期和高效、便捷的税收征管服务是推动中国债市高质量开放的重要举措。

概念四：债券信息披露

4. 信息披露

概念：信息披露是为保障投资者利益和接受社会公众的监督，发行人及其他信息披露义务人在证券发行、上市和交易等一系列过程中依照法律、法规、主管部门规章等有关规定，公开公布相关信息和资料的行为。

要点：

①注册制趋势下，信息披露的地位核心化。

②从信息披露法律制度的主体上看，它是以发行人为主线、由多方主体共同参加的制度。

③从市场管制的角度，信息披露分为强制性信息披露和自愿性信息披露，法律、法规、主管部门通过信息披露制度明确规定必须进行的信息披露具有强制性。

④信息披露制度可有效维护投资者权益，提高证券市场效率和降低市场风险。

⑤信息披露义务人披露的信息，应当真实、准确、完整，简明清晰，通俗易懂，不得有虚假记载、误导性陈述或者重大遗漏。信息披露应当充分披露投资者做出价值判断和投资决策所必需的信息。

注释：

①注册制趋势下，信息披露的地位核心化

注册制是一种不同于审批制、核准制的证券发行监管制度，它的基本特点是以信息披露为中心，通过要求证券发行人真实、准确、完整地披露公司信息，使投资者可以获得必要的信息对证券价值进行判断并做出投资决策，证券监管机构对证券的价值好坏、价格高低不作实质性判断，推行以信息披露为核心的发行注册制，可提高市场透明度和真实性。

②信息披露的类别

信息披露从不同角度出发，可以分为不同的类别。如从信息披露阶段的角度分类，可分为证券发行市场信息披露（首次信息披露）和证券交易市场信息披露（存续期信息披露）；从市场管制的角度，信息披露可分为强制性信息披露和自愿性信息披露；从信息披露内容的角度，可分为财务信息披露和非财务信息披露。

③信息披露规则的核心功能是保护投资者权益、提高证券市场效率和降低市场风险

信息披露规则可以保护投资者权益。证券发行人与证券经营机构在证券市场上居于主动地位，极易形成对市场交易信息的垄断，投资者很难获得其正常投资所需的充分信息。投资者只有对证券发行人不断变动的财务、经营等状况有全面真实的了解，才能据以做出理性的投资决策。信息披露规则促使信息披露义务人全面、及时、真实准确地披露有关信息，使投资者可以在平等的条件下获得有关信息。

信息披露规则可以提高证券市场效率和降低市场风险。证券监督管理机构通过对信息披露义务人公布的信息资料进行监督和审查，一方面，可以保证发行证券的质量，促进证券市场高效运营；另一方面，提高了证券市场的透明度，增强了对证券发行者的监控，防止虚假陈述、误导、遗漏或滥用信息，从而降低了市场风险。

④中国债券信息网是我国债券市场信息披露重要平台

信息披露义务人披露的信息，应当真实、准确、完整，简明清晰，通俗易懂，不得有虚假记载、误导性陈述或者重大遗漏。信息披露应当充分披露投资者做出价值判断和投资决策所必需的信息。

由于信息披露需保障其客观性、真实性，目前我国主要信息披露平台均为官方权威机构，中国债券信息网是我国债券市场信息披露重要平台。中国债券信息网创办于 1998 年，是由中央结算公司主办、向国内外用户提供中英文双语债券市场信息服务的专业网站，也是中国人民银行指定的全国银行间债券市场信息披露官方平台。同时，中国债券信息网也为用户提供行业动态、业务指引、中债数据、研究交流等服务，同时也推动数字化信息披露在债券市场高质量发展中发挥重要作用。

4.1　数字化信息披露

概念：数字化信息披露是指，债券信息披露义务人用可度量的数字或数据公开披露监管要求的信息，促进信息规范披露，实现信息共享、互联互通和智能化分析，更好地保护投资者权益，减轻信息披露义务人负担。

要点：

①数字（number）是一种用来表示数的书写符号。数字化是将各种形式的信息转换成数字（通常为二进制）格式、便于计算机处理的过程。数字化是信息披露从信息化向智能化转变的核心。

②数字化信息披露在推动债券市场高质量发展中发挥重要作用。

③可扩展商业报告语言（XBRL）是国际资本市场普遍采用的数字化信息披露技术。和其他数据格式相比，XBRL 技术具有多重优势。

④在XBRL 技术之前，中央结算公司基于其他形式积极探索信息披露数字化。

⑤XBRL 在中国已经有国家标准和相关实践。

注释：

①数字（number）是一种用来表示数的书写符号。数字化是将各

种形式的信息转换成数字（通常为二进制）格式、便于计算机处理的过程。数字化是信息披露从信息化向智能化转变的核心

数字（number）是一种用来表示数的书写符号，类型有阿拉伯数字、罗马数字等，如常说的 1、2、3 等。数据（data）是事实或观察的结果，是对客观事物的逻辑归纳，用于表示客观事物的未经加工的原始素材。数据可以是连续的，比如声音、图像，称为模拟数据；也可以是离散的，如符号、文字，称为数字数据。

数字化是将各种形式的信息转换成数字（通常为二进制）格式、便于计算机处理的过程。

数字化是信息披露从信息化向智能化转变的核心。信息化时代，信息披露文件可以阅读，但数据的统计、分析、比对、检验等需人工处理，基于数据的决策由人做出。智能化时代，计算机自动获取和分析数据，形成供人参考的决策。在信息化向智能化转变的过程中，信息必须实现数字化。

②数字化信息披露在推动债券市场高质量发展中发挥重要作用

数字化信息披露有助于推动债券市场高质量发展。一是促进债券市场的数字化转型。通过数字化信息披露，可直接采集信息披露的原生数据并建立数据库，集中管理发行人信息，提高数据流转、交互和分析效率，促进债券市场数字化转型。二是增强债券市场的互联互通。数字化信息披露的内容具有标准格式，一次生成后，可在多个信息披露平台和金融基础设施之间流转和使用。通过数字化信息披露的标准统一和数据共享，有望实现金融基础设施在信息披露方面的互联互通。三是减轻发行人的信息披露负担。数字化信息披露有望实现信息披露平台的互联互通，通过各平台之间的数据共享，减轻发债主体的负担。四是提升市场的国际化程度。为提升我国债券市场的国际化程度，国内所有信息披露平台应形成合力，加快推动信息采集、存储、交互环节的数字化升级和数据共享，夯实跨境互联互通的基础。

③XBRL是国际资本市场普遍采用的数字化信息披露技术。和其他数据格式相比，XBRL 技术具有多重优势

XBRL是国际资本市场普遍采用的数字化信息披露技术。XBRL（eXtensible Business Reporting Language）是可扩展商业报告语言的简称，是目前应用于非结构化信息处理的主要技术，在信息披露领域应用，有助于实现信息共享和互操作。

和其他数据格式相比，XBRL的优势主要体现在以下方面：一是格式规范。XBRL数据遵循特有的技术规范，对各类信息赋予特定的标识，并定义标识间的内在联系，语法要求严格，易于被计算机准确识别，为数据的加工、分析、交互奠定了良好基础。二是支持个性化扩展。在遵循相应分类标准的基础上，XBRL报告可在一定程度上进行个性化扩展，在不改变原有内容可比性的前提下根据不同需求定义不同的信息，一份报告理论上可以同时满足监管、企业内部、投资者等多方需要。三是提高信息编制效率和质量。XBRL标准化数据可与业务系统对接自动生成，提升数据生成速度，降低人工编制压力，减少人工干预，避免操作失误导致的数据录入错误，提升数据质量。

④在XBRL技术之前，中央结算公司基于其他形式积极探索信息披露数字化

2009年，为推动金融债券信息披露数字化，中央结算公司等机构联合发布了《全国银行间债券市场金融债券信息披露操作细则》，规定金融债券发行人在披露信息时，除披露PDF格式的信息文件外，还需提交EXCEL格式的财务信息文件，探索数字化、标准化信息披露。

⑤XBRL 在中国已经有国家标准和相关实践

国家标准方面，2010年，财政部制定的XBRL技术规范被我国国标委认定为国家标准。

实践方面，为提升全国银行报送理财信息数据的及时性，减轻从业人员手工报送监管数据压力，在监管部门的指导下，2016年中央结算公司发布了《理财登记系统直联接口 XBRL 扩展分类标准》，并提供直联报送渠道，允许商业银行内部的理财管理系统与全国银行业理财信息登记系统实现直接联网运行。直通式处理对理财市场规范发展、落实穿透式管理要求、提高监管有效性具有积极意义。基于理财登记实践经验，2021 年中央结算公司积极探索 XBRL 技术在企业债券和金融债券信息披露中的应用，并和沪深交易所密切沟通，致力于推动跨市场发行主体信息披露的标准统一和数据共享，减轻债券发行人的信息披露负担，促进债券市场互联互通。

4.2 绿色债券环境效益信息披露

概念：绿色债券环境效益信息披露是指对绿色债券募集资金投向绿色项目所产生的正向环境效益信息进行披露。

要点：

①绿色债券环境效益信息披露是识别债券绿色属性的关键依据，也是展示企业环境贡献与社会责任感的重要途径。

②绿色债券应在发行前和存续期持续做好环境效益信息披露工作，鼓励绿色债券按照中债绿色指标体系进行信息披露，并在中债绿债数据库公开展示。

③绿色债券环境效益信息披露包含定量披露与定性披露，定量披露是指绿色项目的环境影响，通过碳减排量、节能量等量化环境效益指标表征；定性披露是指对绿色项目环境效益影响进行定性描述。

注释：

①绿色债券环境效益信息披露标准

目前我国虽尚未形成统一的绿色债券环境效益信息披露标准，但相关标准化建设工作正在逐步展开。2021 年 4 月，中央结算公司发布了“中债—绿色债券环境效益信息披露指标体系”，填补了我国绿色债券市场环境效益信息披露指标体系的空缺，对全面系统地量化债券募集资金的环境贡献起到了重要作用。

②绿色债券环境效益信息披露实践

近年来绿色债券快速发展，但大多披露报告仅对债券可能实现的环境效益略有描述，没有完整量化披露环境效益信息。为促进穿透披露，中央结算公司研究构建了“绿色债券环境效益信息披露指标体系”，涵盖43个定量指标和1个定性指标，可用于对《绿色债券支持项目目录（2021年版）》中每一个细分行业类别可能产生的典型环境效益进行量化刻画。同时，上线绿色债券环境效益信息披露平台和数据库，助力防范发行人“漂绿”行为，帮助投资人降低甄别成本、提升投资效率，帮助政府部门识别绿色债券、评估政策效果。

4.3　ESG信息披露

概念：ESG（Environment，Social and Governance，ESG）信息披露是指对环境、社会责任和公司治理信息的披露。

要点：

①ESG信息披露代表了一系列与公司运营相关的环境、社会和公司治理因素，可以向市场投资者传递传统财务信息难以传递的企业价值取向。

②ESG信息披露对于加强企业责任的落实具有非常重要的意义，企业责任感的加强有利于实现可持续发展。

③中国债券市场积极推动ESG信息披露制度建设。

注释：

①ESG信息披露在提高公司信息透明度以及加强企业责任的落实方面具有重要意义

ESG信息披露在提高公司信息透明度方面发挥了重要的作用，有效地提高了企业的风险管理能力，并且有利于市场更精准地评估企业的可持续发展能力，进而提升了投资者的信心。现阶段，资本市场双向开放政策的实施以及经济全球化趋势的加强，均推动了 ESG 信息披露在全球范围内的发展，上市公司应当有 ESG 信息披露的自觉意识，积极履行社会责任、环保责任，推动长期可持续发展。

②ESG 信息披露流程分为公司层面及投资层面

ESG 信息披露的市场参与者有上市公司、投资者、金融服务商、监管部门、评级机构与公共组织等。流程上大致可分为公司层面及投资层面。公司层面，上市公司按照法规要求或自愿进行 ESG 信息披露，其标准通常为监管、交易所的披露标准，或由公共组织提供的第三方披露标准。投资层面，评级机构、指数公司等金融服务机构将根据披露信息进行评级和编撰指数。机构或散户等投资者可根据披露信息、评级，选择资产类别，制定投资策略，进行投资。

③中国债券市场积极推动ESG信息披露制度建设

随着政府主管部门对 ESG 投资的重视程度进一步提高，ESG 信息披露的总体规模和披露水平正在逐步完善。但由于披露框架尚未统一、政策要求尚不明晰、企业自身能力不足等多方面原因，仍存在 ESG 信息披露全面性不足、市场成员 ESG 信息披露的能力建设水平有待提高等问题。

中国债券市场 ESG 信息披露制度建设起步较晚，近年来关注度上升，现行规定对需要披露信息的量化程度不清晰且无强制披露要求。由于债券市场 ESG 信息披露要求相对宽松和灵活，披露形式基本均为非结构化数据，整体来说信息披露水平不高，不利于我国债券市场 ESG 基本数据的采集和获取。为满足市场参与者对债券发行人 ESG 评价的需求，构建我国债券市场 ESG 信息披露标准，中债估值中心于 2018 年启动 ESG 研究工作，自主研发 ESG 评价方法，精心搭建 ESG 数据库，于 2020 年 10 月发布覆盖境内所有公募信用债发行主体的 ESG 评价，填补了债券市场空白，并正在申请国家标准。

4.4　穿透披露

概念： 穿透披露是指债券信息披露能够充分完全地反映最终发行主体、募投项目或底层基础资产的相关信息。

要点：

①穿透披露应披露发行主体背后的实际控制人信息。

②穿透披露应披露债券募集资金的具体投向和用途。

③穿透披露应披露底层逐笔资产信息，而不仅限于资产池整体描述性信息。

④穿透披露要求直接或间接认购自己发行债券的投资主体公布相关信息，承销商投资所承销债券也应进行披露。

注释：

①穿透披露具有积极意义

对于投资者而言，穿透披露显著提升信息披露透明度，可以为投资者提供判断债券价值和潜在风险的准确信息，是投资者做出科学决策的重要参考，也是保护投资者权益的机制保障。对于中介机构，穿透披露有助于评级、会计、法律、估值等中介对债券价值和风险做出科学评估，进而形成有效的市场约束，保证中介机构公开、公平、公正，促进债券市场规范健康运行。对于监管部门而言，穿透披露是市场化机制的重要体现，能够推进信息对称，防范市场失灵，助力监管部门监控系统性金融风险，促进金融资源配置作用更好发挥，提高债券市场运行效率。

②绿色债券信息穿透披露实践

近年来绿色债券快速发展，但大多披露报告仅对债券可能实现的环境效益略有描述，没有完整量化披露环境效益信息。为促进穿透披露，中央结算公司研究构建了“绿色债券环境效益信息披露指标体系”，涵盖43个定量指标和1个定性指标，可用于对《绿色债券支持项目目录

（2021 年版）》中每一个细分行业类别可能产生的典型环境效益进行量化刻画。同时，上线绿色债券环境效益信息披露平台和数据库，助力防范发行人“漂绿”行为，帮助投资人降低甄别成本、提升投资效率，帮助政府部门识别绿色债券、评估政策效果。

当前，我国债券市场创新不断，各类专项债券、主题债券层出不穷。为规范市场发展，提高市场公信力，更好地发挥债券对实体经济的支持作用，信息披露应穿透至募集资金的具体用途、预期效益、风险等具体内容。可借鉴绿色债券环境效益指标实践经验，通过标准化、数字化等手段建立统一的披露指标体系，督促发行人加强信息披露透明度。

③资产支持证券穿透披露实践

美国资产支持证券市场发展成熟，是穿透披露的典型实践。国际金融危机后，《多德—弗兰克法案》第 942（b）条补充了《证券法》第 7（c）条，要求资产支持证券（ABS）产品发行人按照每部分或证券级别披露支持该证券的资产。美国证监会历经四年对《资产支持证券注册、信息披露和报告规则》（Reg AB）进行了三次修订，形成 Reg AB II，进一步强化了信息披露要求，明确住房贷款支持证券（RMBS）、商业房地产抵押贷款支持证券（CMBS）、车贷资产支持证券（ABS）、汽车租赁贷款 ABS、债务证券 ABS、ABS 再证券化六类产品应采取资产级别披露要求，并通过修改信息披露数据点，尽量兼顾穿透披露与借款人隐私保护。以企业应收账款为基础资产支持的资产支持票据（ABCP）规模较少，在许多司法管辖区被视为证券化产品，因此证券化穿透披露规则也适用于 ABCP。

在我国，信贷 ABS 起步较早且是公募产品，因此信息披露规则更为完善，个人住房抵押贷款、个人汽车贷款、个人消费贷款、棚户区改造项目贷款、微小企业贷款、不良贷款等几乎所有大类信贷 ABS 产品都出台了相应的信息披露细则。相比之下，交易所市场企业 ABS 基础资产种类丰富，但仅针对融资租赁、应收账款、基础设施类 ABS 出台了信息披露细则，机制建设相对滞后，难以适应市场快速发展需要。总体来看，目前我国资产证券化产品只要求披露资产池整体信息，尚未实现穿透披露。

推动 ABS 产品穿透披露，有助于为投资者和第三方估值机构提供充分的风险评估和决策参考，促进信息对称，激发市场活力，进而充分发挥资产证券化盘活存量资产、腾挪信贷空间、节约银行资本的优势，使其更好地服务实体经济。考虑到信贷 ABS 信息披露制度相对完善，并且通过信息登记制实现了对基础资产的穿透登记，可探索推动基础资产信息逐笔披露。近年来，信贷资产流转业务在信息穿透披露方面已有积极实践，转让环节和产品存续期内均向投资者逐笔披露底层资产信息，为推动信贷 ABS 穿透披露提供了借鉴。2020 年中央结算公司结合行业智慧，研究起草了信贷 ABS 资产逐笔披露标准草案，得到业内共识。未来可参考该草案，持续完善基础资产信息登记要素，初期可向投资者和第三方估值机构提供信息查询服务，最终逐步推动实现公开披露。同时，建议尽快完善大类企业 ABS 产品信息披露规则，为未来推动底层资产穿透披露做好准备。

4.5　跨境信息披露

概念：跨境信息披露是指在跨境发行证券的过程中，发行人及其他信息披露义务人遵照母国（地区）和上市地区的相关法律法规规定进行信息披露的行为。

要点：

①跨境信息披露具有法律适用上的多重性。

②跨境信息披露的标准存在不统一性。

③实践中，跨境证券发行面临遵守多种监管框架的要求，一定情况下可能导致信息披露不完全的情况。

④信息披露规则协同是证券市场国际化的重要表现。

注释：

①跨境信息披露具有法律适用上的多重性

跨境发行证券跨越两个及以上的国家或地区，受到两个或多个法域法律的管辖和监管机构的监管，各国（地区）对证券市场的认识及各自情况的考虑不同，使得各国（地区）证券法律的立法精神及法律体制上存在差异，证券立法上的差异又导致了各国（地区）证券发行信息披露规则之间的差异。因此，对于证券跨境发行的发行人，其信息披露行为不仅要同时受到境内披露规则和发行地披露规则的约束，往往还要符合发行地对跨境发行信息披露的特别规定。

②跨境信息披露的标准存在不统一性

跨境信息披露在披露内容和信息制定的标准方面也存在不统一的情况。如会计信息的标准上就有明显体现，各国（地区）的信息披露规则一般都会要求发行者提供包括财务报表在内的会计信息。尽管都是会计信息，但其依据的会计准则存在差异。同一企业如果采用不同的会计准则，其会计信息的结果会完全不同。尽管国际会计标准的统一化进程正在加快，但是由于国际会计标准无法采取强制性实施，在短时期内各国（地区）会计标准的差异仍然不会消除。在非财务信息方面，各国（地区）的信息披露标准也多有不同。

③实践中，跨境证券发行面临遵守多种监管框架的要求，一定情况下可能导致信息披露不完全的情况

对于在境外有债券发行的企业，发行人本国（地区）的监管机构一般情况下虽然不会要求发行人在发行境外债券时对其发行行为进行披露，但发行人一般有义务在其定期报告中对海外发债情况进行披露。在债券跨境发行业务中，发行人所在国（地区）的监管一般要求发行人在国（地区）内注册备案即可，而对于债券发行国（地区），跨境发行人与国（地区）内其他债券发行人所需要遵守的规则相一致。

由于跨境发行离岸债券是在本国（地区）境外市场发行的以本国

（地区）货币为面值的债券，离岸债券市场为离岸债券发行与交易活动提供金融服务的市场，可能会导致信息披露不完全的情况出现。如欧洲美元债是在美国境外发行的债券，其发行若适用于美国证券交易委员会（SEC）在证券法项下第 S 章下的成套行政规则相关条件，则可豁免 SEC 证券法下的注册要求，从而规避美国境内监管，使得该次发行不再受美国证券法信息披露规则的管辖，同时在离岸债券市场中，信息披露的要求也会相对宽松，所以会存在信息披露不完全的情况。

④信息披露规则协同是证券市场国际化的重要表现

信息披露规则一体化实质是不同国家（地区）之间共用相同的披露标准。证券信息披露规则的一体化可以有两种形式，一是相互适用（reciprocity）原则，二是普遍适用（commonality）原则。前者是指两个或两个以上的监管体制较为相似，经济联系较为紧密，这些国家（地区）之间可以互相承认对方体制的信息披露标准；后者是在不同的国家（地区）之间针对具体问题而制定的统一标准，每个国家（地区）都根据这个标准修订自身的规则，但在最初时这些国家（地区）之间的规则并不一定相同。由于国家（地区）之间最初的披露规则常常并不一致，因而一体化规则更多地体现为普遍适用原则。

信息披露规则协同是证券市场国际化的重要表现，如各国（地区）实行统一的信息披露规则，投资者仅仅需要熟悉和分析同质化的信息披露规则，就可以获取对证券进行准确定价所需的全部信息，从而大大降低了信息成本。同时，这也会降低跨境证券发行人遵守多种监管框架的成本，消除发行人进行跨国（地区）转移的壁垒，为在全球市场范围内形成均衡提供了可能，进一步促进了国际资本流动和全球证券市场的发展。

概念五：债券担保品管理

5. 债券担保品管理

概念：中央托管机构或第三方担保品管理机构根据担保品提供方和接收方委托和授权，对债券担保品提供选择、计算、质押、盯市、调整、置换、解押等的服务。

要点：

①债券是天然的优质担保品，具有流动性强、价值相对稳定、易于估值及变现成本低等优势。

②债券担保品在国际金融市场的应用十分广泛，常见于回购、借贷和期货及衍生品交易等领域。

③债券作为担保品应当足额覆盖风险敞口。

④债券担保品的担保形式包括质押、所有权转移和让与担保等形式。

注释：

①债券担保品管理应用：回购交易

回购交易是债券担保品管理最主要的应用领域，回购是指资金融出方以约定的利率向资金融入方借出现金，同时资金融入方向资金融出方提供担保品以降低融出方风险的交易机制。

回购交易从模式上可以分为双边回购和三方回购。双边回购是指回购参与者仅包括正回购方和逆回购方，所有交易要素及担保品管理由双方自行协商完成。三方回购指投资者委托第三方机构对债券担保品进行选取、估值、替换、调整等集中管理的回购交易。

我国银行间债券市场的回购交易以双边回购为主，根据担保品的物上法律关系，可以分为质押式回购和买断式回购。三方回购诞生于20世纪70年代末的美国，并随着市场对降低交易成本和风险的需求不断上升而得到了快速发展[①]。国际市场上三方回购的服务商主要是纽约银行、摩根大通银行、欧清银行、明讯银行等大型托管结算银行或国际中央证券托管机构（ICSD）。

三方回购模式是双边回购的自然发展演变，其原理是在双边回购的基础上引入第三方服务机构，由后者提供专业化的担保品服务。相较于双边回购，三方回购具有以下两方面特点：一方面，三方回购简化了交易时双方所需洽谈的交易要素，仅需关注资金、价格、期限等借贷基本要素，提高交易效率。另一方面，三方回购由第三方中介机构实现对担保品的专业化、精细化管理，从而降低回购参与者自身抵押品系统、后台管理等压力，从而降低了融资成本和融资风险。

②债券担保品管理应用：债券借贷

债券借贷是指债券融入方提供一定数量的担保品，从债券融出方借入标的债券，同时约定在未来某一日期归还所借入标的，并由债券融出方返还担保品的债券融通行为。国际债券借贷的类型主要包括双边债券借贷、代理债券借贷和集中借贷。双边债券借贷是指市场参与者通过一对一询价的方式进行债券借贷。这种方式侧重于满足融入方主动借贷需求，但缺点在于搜寻成本可能较高，交易达成的及时性相对较低。代理

① 到20世纪90年代初，美国大型国债交易商75%以上的国债头寸通过三方回购进行融资。目前美国的三方回购中介服务由纽约梅隆银行（Bank of New York Mellon）提供。其为美国三方回购市场的参与者提供清算、结算、托管及抵押品管理的一体化服务。与此同时，随着欧洲金融市场的融合和统一，欧盟内部证券托管机构进行整合，形成欧清银行和明讯银行2家主要的国际中央证券托管机构（ICSD）。在借鉴美国经验的基础上，欧清银行和明讯银行分别于1992年和1993年向欧洲市场推出三方回购业务。

债券借贷是指证券借贷业务参与方通过代理人达成借贷交易，并由融入方向代理人支付相关服务费用。该种模式下代理人具有客户和信息优势，可以为客户捕捉借贷机会，提升融出方的投资收益。集中借贷是由中央托管结算机构代理集中进行借出业务和担保品管理。它把所有融出方的证券集合形成可借资产池，在融入方需要某种证券时，将各融出方的该种证券按照事先确定的规则自动分配借给融入方，并集中管理抵押品，融入方与融出方形成一种一对多的模式。

2006 年，人民银行发布《全国银行间债券市场债券借贷业务管理暂行规定》，明确双边债券借贷的业务模式，正式在我国推出了债券借贷业务。实践中，中短期借贷构成主要交易品种。2022 年，人民银行发布《银行间债券市场债券借贷业务管理办法》，明确引入集中债券借贷模式。集中债券借贷模式具有以下特点：一是交易效率高。由中央托管结算机构代理集中进行借出业务和担保品管理，通过中央托管结算机构系统集中管理、自动达成，相较于传统的双边借贷模式效率更高。二是能够有效防止结算失败。自动型集中借贷业务通常由中央证券托管机构发起借贷指令，无须经借贷双方的确认，有助于减少市场参与者的结算风险。

③债券担保品管理应用：期货保证金

债券在期货保证金领域的应用指期货市场参与者在相关期货交易所参与期货交易并使用债券作为保证金。

债券担保品以其流动性高、市场和信用风险低等特性，被国际主流期货交易所广泛接受并作为保证金。以美国、欧盟等为代表的成熟国际市场除接受现金之外，广泛接受各类有价证券作为衍生品等交易的担保品，并通过设置充抵证券的折扣比率、最高充抵额、逐日盯市等制度，控制和防范相关风险。境外市场允许抵缴的有价证券种类一般以政府债券、银行担保信用证、银行保函及股票等为主，其中政府债券是最主要的担保品种类。

我国期货市场的保证金大多为货币资金，但近年来引入债券作为期货保证金且规模不断扩大。债券作为期货保证金业务实现了业务制度从无到有、覆盖品种由点及面的系列突破。使用债券作为期货保证金业务具有三方面的重要作用：一是降低投资者的交易成本。使用债券担保品作为期货保证金，可以减小现金担保品的使用量，有助于金融机构降低交易成本和优化流动性管理。二是推动期现货市场联动。在期现货市场通过债券建立担保品连接渠道，有利于推动各类金融要素市场内在有机地连为一体，扩大市场深度。三是深化期货市场功能发挥，深度活跃现货市场。债券作为期货保证金既能促进期货市场风险管理功能的发挥，又能深度活跃期现货市场，特别是在国债期货领域的应用，有利于完善国债收益率曲线的形成和运用，促进期货市场价格发现功能。

5.1　债券质押

概念：为担保债务的履行，债务人或者第三人将其债券出质给债权人，并由登记托管机构办理登记，债务人不履行到期债务或者是发生当事人约定的实现质权的情形，债权人有权要求优先受偿。

要点：

①质权是为了担保债权的实现而产生的担保物权，质权具有从属性，以主债权的存在为前提。

②债券质押属于权利质权，自在登记托管机构办理出质登记时设立。

③质押以担保债务履行为目的，债务人不履行到期债务或者是当事人约定的实现质权的情形的情况下，债权人可以与出质人协议以质押财产折价，也可以就拍卖、变卖质押财产所得的价款优先受偿。

注释：

①质押的法律含义

质押原本是指债务人或出质人为担保债务履行而将其动产或者是无形财产权利凭证出质给债权人占有的担保形式，各国对于质押的法律定义基本一致。质押在英文中为 pledge，《元照英美法词典》将 pledge 定义为债务人将其动产或无形财产证书交给债权人占有，作为履行债务的担保，债务人不履行债务时，债权人可变卖质物受偿，但在变卖前债务人还可以通过履行债务赎回质物。美国《统一商法典》将 pledge 定义为以担保一定债务履行或其他义务实现为目的而创设的一种适用于动产或无形财产权利凭证的担保利益。《法国民法典》第 2071 条规定，质押是指债务人为担保其债务，将某物交给其债权人的契约。《中华人民共和国民法典》（简称《民法典》）第四分编第十八章专章①将质权分为了动产质权和权利质权两种。动产质权自交付质押财产时设立。权利质权有权利凭证的，质权自权利凭证交付质权人时设立；没有权利凭证的，质权自办理出质登记时设立。

②债券质权的登记机构

债券质权自在登记托管机构登记生效。以中央结算公司为例，《银行间债券市场债券登记托管结算管理办法》规定由中央结算公司进行银行间债券市场的质押登记及质押券管理。实践中，以在中央结算公司托管的债券作为担保品的，需在中央结算公司进行登记。

③质权的实现方式

在债务人不履行债务时，质权人有权依法以质物折价或者是以拍卖、变卖该质物的价款优先受偿。该优先受偿权有以下三个层次：一是

---

① 第四百二十五条规定，动产质权是“为担保债务的履行，债务人或者第三人将其动产出质给债权人占有的，债务人不履行到期债务或者发生当事人约定的实现质权的情形，债权人有权就该动产优先受偿。”第四百四十条规定：“债务人或者第三人有权处分的下列权利可以出质：（一）汇票、本票、支票；（二）债券、存款单；（三）仓单、提单；（四）可以转让的基金份额、股权；（五）可以转让的注册商标专用权、专利权、著作权等知识产权中的财产权；（六）现有的以及将有的应收账款；（七）法律、行政法规规定可以出质的其他财产权利。”第四百四十一条规定：“以汇票、本票、支票、债券、存款单、仓单、提单出质的，质权自权利凭证交付质权人时设立；没有权利凭证的，质权自办理出质登记时设立。法律另有规定的，依照其规定。”

质权人的优先受偿权体现在质权人较债务人的一般债权人（无质权担保其债权者）优先受偿。二是质权人的别除权，即质物不能列入破产财产。三是即便作为质物的财产被查封或者扣押，也不能影响质权人的优先受偿权。

④中国债券质押实践

中央结算公司作为中国银行间市场的债券托管机构，确立了以质押为主的业务实践，同时为了业务需要，还可以支持转移占有和让与担保的担保模式。债券质押时，担保债券由出质人质押给质权人，由中央结算公司完成担保债券的质押登记。

2019 年，中国银行间债券市场推出了系列违约处置新规，解决了出质方出现违约情形时质权方无法快速实现其质权的问题。以中央结算公司出台的《中央国债登记结算有限责任公司担保品违约处置业务指引（试行）》为例，其包括了协议折价、拍卖和变卖的方式，明确了在双方提前授权的前提下，在出现约定的违约情形时，质权人无须再次获得出质人（违约方）同意，即可向中央结算公司单方面提交申请并通过拍卖、变卖等方式实现权利，有利于集中交易提高处置效率。

5.2　所有权转移式担保

概念：担保品的提供方将金融担保品的完整所有权让与担保品的接收方，以确保相关义务的履行。

要点：

①所有权转移式担保是国际金融担保品领域常见的担保模式之一。

②所有权转移式担保的核心是金融担保品所有权的完全转移。即担保品的接收方成为担保品的所有权人，可以自由使用、处分担保品并获得收益而不受限制。

③所有权转移式担保在我国目前尚无明确的法律规定，我国法律体系中的让与担保与所有权转移式担保有显著差异，两者之间的实质区别

在于让与担保中所有权的转让仅为形式转让，所有权人并不享有担保品完整的所有权，对担保品进行使用或处分的权利受到限制。

注释：

①所有权转移式担保安排

所有权转移式担保的核心在于担保品所有权完全转移，担保品的接收方成为担保品的所有权人，可以自由使用、处分担保品并获得收益而不受限制，只需交易到期时归还同等价值、同等类型的履约保障品。

②所有权转移式担保的国际应用

国际金融交易中，除了传统的质押之外，所有权转移式金融担保品安排也是主流的担保模式之一，诸多国际条约、区域立法、国家立法中都予以明文肯定。

国际条约层面，《国际统一私法协会的中介化证券实体法公约》（简称《日内瓦公约》）在第五章关于担保交易的特别规定中将担保协议分为两类：质押式担保品协议（security collateral agreement）和所有权转移式担保协议（title transfer collateral agreement）。

区域立法层面，《欧洲议会和欧盟理事会关于金融担保品安排的第2002/47/EC指令》（简称《金融担保品指令》）同样将金融担保品安排分为质押式金融担保品安排（security financial collateral arrangement）和所有权转移式金融担保品安排（title transfer financial collateral arrangement）。

各国立法实践层面，欧盟区域内的国家，不论是普通法系还是大陆法系，基本都在国内立法中通过专门的金融担保品立法（如英国、卢森堡等）或通过对国内原本法律制度的调整（如德国、荷兰）等肯定两种担保模式的效力。不同于欧盟的实践，美国《统一商法典》（*Uniform Commercial Code*，*UCC*）第9章担保交易中仅提及质押式的金融担保品模式，并未考虑所有权转让式的模式。但鉴于美国的担保制度中允许担保品的再使用，因此实际运用中并不影响担保品的功能性安排。国际立法实践中对于两种担保模式的认可情况见表5-1。

表5-1　国际立法实践中对于两种担保模式的认可

类别		相关法律文件	质押式	所有权转移式	质押式下再使用
国际条约		《国际统一私法协会的中介化证券实体法公约》	√质押式担保品协议	√所有权转移式担保协议	
区域立法		《欧洲议会和欧盟理事会关于金融担保品安排的第2002/47/EC指令》	√质押式金融担保品安排	√所有权转移式金融担保品安排	允许
国家立法	英国	《金融担保品安排（2003年第3226号）》*The Financial Collateral Arrangements（No. 2）Regulations* 2003（2003 *No.* 3226）	√	√	允许
国家立法	德国	《德国民法典》*The German Civil Code*（*Bürgerliches Gesetzbuch*, *BGB*）	√	√	允许
国家立法	荷兰	《荷兰民法典》*The Dutch Civil Code*（*Burgerlijk Wetboek*, *BW*）	√	√	允许
国家立法	卢森堡	《金融担保品安排法案，2005年8月5日》*Law of* 5 *August* 2005 *on financial collateral arrangements*	√	√	允许
国家立法	美国	《美国统一商法典》*Uniform Commercial Code*	√	×	允许

全球金融担保协议层面，回购、债券借贷、衍生品业务分别有全球回购主协议（GMRA）/主回购协议（MRA）、全球证券借贷主协议（GMSLA）/主证券借贷协议（MLSA）以及国际掉期与衍生工具协会（ISDA）信用支持文件等对其进行规范，各协议所使用的担保模式有所不同，但大体上依然可分为所有权转移式与质押式/担保权益式两类。境外业务主协议及担保模式见表5-2。

表5-2　境外业务主协议及担保模式一览

模式	主协议	发布机构	担保模式	再使用	违约处置
回购	GMRA	证券业和金融市场协会（SIFMA）、国际资本市场协会（ICMA）	所有权转移	允许	抵销后支付净额
回购	MRA	美国证券行业和金融市场协会（SIFMA）	担保权益	允许	可自行处置担保品

续表

模式	主协议	发布机构	担保模式	再使用	违约处置
债券借贷	GMSLA	国际证券借贷协会（ISLA）	所有权转移	允许	抵销后支付净额
			质押	不允许	需履行违约处置程序以清算/变现担保品
	MSLA	SIFMA	担保权益	仅特定情况允许	可自行处置担保品
金融衍生品	ISDA主协议	ISDA	所有权转移（《1995年信用支持附件（英国法）》）	允许	终止净额结算
			担保权益（《1994年信用支持附件（纽约法）》）	获得许可的情况下允许再抵押	

虽然法律法规对所有权转移并未有任何限制，但实践中国外担保品管理机构为了维护交易安全，对所有权转移式担保品的再使用仍有一定限制。明讯银行、欧清银行虽然允许担保品所有权转让式的模式，但是仍然将其范围限制在各自的系统内部，即不能跨系统进行担保品所有权的完全转移，以保障担保品管理机构对于担保品的监控与追溯能力。

③所有权转移式担保的国内应用

我国境内尚无关于金融担保品的专门立法，担保品的制度散见于《民法典》以及《最高人民法院关于适用〈中华人民共和国民法典〉有关担保制度的解释》（简称《司法解释》）等法律文件中。就金融担保品的应用模式而言，我国目前仅通过《民法典》第四百四十一条设立权利质权肯定了质押式的担保模式，所有转移式的担保模式尚未被立法明确认可。2022 年 1 月人民银行发布《银行间债券市场债券借贷业务管理办法》，将此前债券作为“质物”“用于质押”等表述修改为“履约保障品”，体现了债券借贷担保模式由质押式向所有权转移模式拓展的可能性。《中华人民共和国期货和衍生品法》规定，进行衍生品交易可以依法通过质押等方式提供履约保障，也为所有权转移式担保安排在金融衍生品市场的应用留下了窗口。

目前，境内所有权转移式担保实践仅在场外金融衍生品市场中的转让式履约保障有所体现。交易商协会制定的《中国银行间市场金融衍生产品交易主协议（2009 年版）》配套了《中国银行间市场金融衍生产品交易质押式履约保障文件》和《中国银行间市场金融衍生产品交易转让式履约保障文件》（以下简称《转让式履约保障文件》）。转让式履约保障是所有权转移式担保的一种形式。《转让式履约保障文件》规定，转让式履约保障是合格履约保障品所有权的完全转移，对于现金形式的合格履约保障品，出让方应将其通过转账方式划入受让方指定的银行账户；对于记账式债券形式的合格履约保障品，双方应根据有关登记托管结算机构的规定办理债券过户手续。《转让式履约保障文件》在条款中特别说明，转让不设定担保物权，一方转让合格履约保障品不应被视为在其上设定任何形式的担保物权。一方在受让合格履约保障品后享有对其不受限制的所有权，可以依法处置所受让的物品或资金。

④所有权转移式担保与让与担保、买断式回购的区别

我国的让与担保并不是所有权转移式担保。2020 年我国《司法解释》第六十八条明确了让与担保的效力。让与担保是指债务人或第三人为了担保债务的履行，将担保物的所有权形式转移与担保权人，债务清偿后，担保物应当返还与债务人或第三人；债务不获清偿，担保权人就该担保物优先受偿的一种担保形式。所有权转移式担保与让与担保的本质区别在于担保物所有权的完全转移与否。让与担保中所有权的转让仅为形式转让，所有权人并不完全享有担保物完整的所有权，也并不能对担保品进行使用，对担保品处分的权利也受到限制。在违约情形发生时，让与担保需要参照担保物权进行违约处置，而所有权转让式担保是担保物所有权完整权能的转让，违约时可直接采用净额结算的方式进行清算。

5.3 担保品再使用

概念：担保品的接收方使用或处分在另一交易中收到的金融担保品的权利。

要点：

①担保品的再使用方式包括但不限于出售、借贷、转质押等。

②担保品接受方行使使用权时，其需要在担保品安排覆盖的财务义务到期之前以等额担保品对原金融担保品进行置换。

注释：

①担保品的再使用在境外已被广泛认可

担保品是否可以支持再使用对于提升担保品的使用效率、提高金融市场的流动性具有重要价值。在所有权转移式担保品安排中，担保品的接收方天然享有担保品的使用权，质押式金融担保品安排中的再使用也在多方面得到肯定。欧盟的《金融担保品指令》明确规定了质押式金融担保品安排下质权人对金融担保品的使用权，即担保品的接收方可以像担保品所有权人一样使用和处分该金融担保品。当担保品接收方行使使用权时，其需要在担保品安排覆盖的财务义务到期之前以等额担保品对原金融担保品进行置换。欧洲的诸多国家也在国内立法中确立了这一权利，如英国在《金融担保品安排条例》中参照《金融担保品指令》，明确了担保品的接收方可以按照协议的安排使用和处分相关担保品。德国规定质权人可以在双方同意的范围内使用担保品。美国在《统一商法典》第9－207(c)(3)条中也明确可以在担保品上设立新的担保权益。

②担保品再使用在境内的应用

我国《民法典》发布前，金融担保品的再使用长期受限。《最高人民法院关于适用〈中华人民共和国担保法〉若干问题的解释》第一百零一条规定，以票据、债券、存款单、仓单、提单出质的，质权人再转让或者质押的无效。这也使国内金融担保品的再使用没有发展空间。《民法典》对再使用态度有所放松，现仅规定未经出质人同意转质押的界定责任，并未禁止转质押。

因此境内的担保品再使用长期处于停滞状态。仅在金融衍生品市场中，《中国银行间市场金融衍生产品交易主协议》的转让式履约保障文件中因存在所有权的完全转移，受让方可以自由地使用担保品。随着《民法典》的深入贯彻实施，担保品的再使用或有潜在空间。

中央结算公司在债券作为期货保证金业务中存在转质押的情形，但是此类转质押业务与上述的转质押存在一些区别。目前债券作为保证金业务中，由于我国期货市场的分层结构设计，实践中建立了“投资者→结算会员→期货交易所”的转质押关系以匹配期货交易结构，但是保证金所指向的是同一笔商业风险，并不会扩大风险敞口。普通的转质押情形中首次质押和二次质押通常涉及两笔交易风险，会使质押物除担保原有第一层债务外，再次承担额外的债务风险，极有可能超过质物价值，放大杠杆、积累风险。因此，债券作为期货保证金业务中的转质押是一种特殊情形，并不是真正意义上担保品的再使用。

5.4　第三方担保品管理

概念：第三方担保品管理主要指委托独立的、专业的担保品机构对担保品进行管理。

要点：

①随着金融交易复杂程度增加、担保品需求量扩张、涉及领域扩大，为降低成本、提高效率，市场参与者对第三方担保品管理机构的需求不断增加。

②第三方担保品管理可以发挥专业化和规模化优势，提供自动选取、逐日盯市、自动调整等一系列复杂性和精细性都较高的管理服务，提高了担保品的安全性和使用效率。同时，得益于这种专业化发展，第

三方担保品管理机构的业务也从后台环节逐步转向前台和中台，为客户提供更加定制化的服务。

③由中央证券托管机构提供集中化、专业化、智能化的第三方担保品管理正成为重要趋势。

④避免抵押品集中化：金融基础设施可以通过限制集中度或收取集中度费用来避免担保品高度集中持有的情况，防止参与者使用可接受的、最高风险的资产覆盖大部分担保品要求。

注释：

①由中央登记托管机构提供第三方债券担保品管理的独特优势

一是由中央登记托管机构提供第三方担保品管理服务更加权威、公允。二是由中央登记托管机构管理债券担保品能够发挥集中托管的规模效应，中央登记托管机构具备开展第三方担保品管理的天然优势。三是由中央登记托管机构提供第三方债券担保品管理，能够以更加透明、权属清晰、穿透底层的方式支持债券借贷等业务，有效防范金融风险。由商业银行提供担保品管理服务易引发道德风险。如 2008 年国际金融危机中，雷曼公司在破产前挪用托管客户资产做担保，向银行获得授信，导致托管客户损失，加剧了破产处置的混乱。老牌经纪公司曼氏金融（MF Global）破产，也被发现挪用客户保证金。四是风险控制措施更为有效，由于托管结算机构专业的担保品管理，如担保品的盯市由专门的系统自动进行，可以按要求一天盯市数次，使得担保品对信用风险的防控作用更为显著。

②通用式担保品管理服务的内容

2021 年 6 月，中央结算公司发布通知，以第三方担保品管理为核心理念，推出通用式担保品管理服务，特点包括：一是开放式应用场景，面向所有公司客户开放，适用于各类金融市场业务；二是标准化参数体系，采用统一的担保品管理参数，提高客户担保品使用效率；三是多类型担保品池，覆盖利率债、绿色债券等资产，满足客户对担保品资产多样化使用需求；四是全流程自动化管理，由中央结算公司提供专业的期间管理服务，实现风险实时监测和担保品最优配置。

5.5　中债担保品管理服务

概念：中债担保品管理服务是指中央结算公司依托金融基础设施的职责与优势，为金融市场提供的以政策支持服务和市场化产品为核心的第三方担保品管理服务。

要点：

①中债担保品管理平台已逐步成为中国金融市场的“创新引擎”和“风险阀门”，是全球最大的人民币债券担保品管理平台。

②中债担保品服务领域广泛，包括宏观政策支持、市场化应用以及跨境担保品应用等多个领域。

③中债担保品管理已建立全方位、多层次、多领域的市场化服务格局，与期货市场、贵金属市场等多个金融子市场联通合作。

注释：

①中债担保品服务发展历程

2008 年的国际金融危机促使各国监管机构将风险管理视为首要任务，重视与加强担保品管理已成为全球主流趋势，担保品机制在建立稳健风险管理框架中的重要性越发突出。

2006 年以来，中央结算公司从债券登记托管职能出发，为市场提供专业高效的担保品管理服务。2011 年，公司正式上线担保品管理系统；2013 年开始为回购、借贷等市场双边交易提供服务，并为人民银行各类再贷款货币政策提供服务；2014 年为国家外汇管理局、财政部地方国库现金管理提供服务，支持央行大小额支付系统质押业务；2015 年启动国债充抵期货保证金业务，服务延伸到衍生品市场；2016 年，积极推动人民币债券跨境应用，深度服务金融开放和人民币国际化；2017 年，创办我国首个担保品国际论坛；2018 年，首次在保险资金协议存款和银行同业授信等业态中引入担保品机制；2019 年，发布担保品违约处置指引，为市场参与者提供高效的违约处置支持；2020 年，推动债券充抵保证金业务覆盖境内全部期货交易所；2021 年，推出《担保品管理服务通用协议》以及通用式担保品管理服务，进一步服务行业规范建设。

②中债担保品管理系统的主要功能及其优势

担保品管理服务需要依托于技术系统来开展，中债担保品管理系统是中央结算公司自主开发、打造的智能化系统，具有功能完备、参数灵活、精细智能等特点。随着市场对担保品统筹化、精细化管理的要求，系统持续迭代优化，具备的主要功能包括以下几个方面。

全流程自动化处理：中债担保品管理系统支持全流程自动化处理，极大限度缩减处理环节，支持多种业务模式，实现业务流程精简化，帮助客户节省时间成本，提高担保品管理效率。

参数设置：中债担保品管理系统支持系统参数的灵活配置，针对不同的业务特点，为客户量身打造个性化解决方案，提供全方位的参数菜单，精准匹配客户需求，实现定制化服务。

期间管理：中债担保品管理系统通过盯市、调整、置换、自动增补退还等期间管理功能，全方位、全流程实时监测和管理业务涉及的各类风险，提升保障全生命周期的风险防控能力。

数据服务：中债担保品管理系统为客户提供丰富翔实的数据查询功能。通过多维数据展示，用户能及时了解业务办理情况与担保品明细，最大限度实现信息透明化，提升系统友好度和体验。

互联互通：中债担保品管理系统与外汇交易中心、上海清算所、中国金融期货交易所等多家金融基础设施建立系统互联，实现跨机构直通式处理，减少客户多方对接成本，形成直联多方的综合业务平台。

此外，中债担保品管理系统还具有以下多项优势功能。

担保品选取：担保品选取指根据业务指令生成的业务合同，担保品管理系统自动完成担保品的选取、计算、质押或按照指令中的担保品明细信息对指定的担保品完成质押。基于中央登记托管机构的信息集成优势，中债担保品管理系统的担保品选取功能更加高效，支持自动选取模式和人工指定券等多种模式，并结合金融科技前沿技术，探索推动担保品选取的自动化、智能化发展。

担保品逐日盯市：担保品逐日盯市是指每日由担保品管理人根据一定估值，计算、比较每笔业务的担保品担保价值和风险敞口金额。中央结算公司的盯市依据是中债估值，具有公允性和权威性。中债担保品管理系统的逐日盯市功能可以及时反映担保品价值与风险敞口的真实变化水平，并根据盯市结果进行动态调整，对盯市捕捉到的风险做出及时反应，避免因担保品价格变动导致对实际敞口覆盖的不足，保障风险敞口足额覆盖，降低信用风险。

担保品快速处置：担保品快速处置指担保合同双方可事先约定，一旦发生违约等强制执行事件，担保权人可不用与担保人另行协商或通过司法程序，即可处置担保品。中债担保品管理系统提供协议折价、拍卖和变卖等三种快速处置方式，法律关系明确，环节少、效率高，从业务申请、处置、缴款到结算等环节，操作流程顺畅、高效、快速，有利于集中交易提高处置效率。

概念六：债券估值服务

6. 债券估值服务

概念：为适应金融市场发展需要，应对债券市场价格信息不连续情况，应用相关金融工程模型，以编制债券收益率曲线为基础，形成并提供反映公平交易下债券可变现的价格和风险水平指标等的行为。

要点：

①债券估值是解决债券交易价格不连续、不完整特点的国际通行手段。债券交易多在场外，天然存在信息不对称和交易不活跃问题，价格连续性较弱。为满足会计核算和风险控制需要，客观上要求必须对债券进行公允连续的估值，为市价缺失的债券资产提供连续、反映市场变化的定价参考。债券估值已广泛应用于金融市场的前、中、后台，涵盖债券交易定价、风险管控、会计计量、业绩评估等业务环节。

②债券估值运用金融科技手段，尽可能采集与债券估值相关的债券基础信息、市场价格信息、发行人财务及经营信息、可靠市场舆情等进行综合分析判断，精准连续刻画债券公允价值。

③债券收益率曲线编制是债券估值服务的基础。国债收益率曲线是债券收益率曲线族系的基石，它反映一国无风险利率水平，是整个金融市场的定价基准。

④广义的债券估值包含编制债券收益率曲线、单只债券估值产品、债券隐含评级、债券指数和债券风险价值（VaR）等市场化指标体系，

综合全面地反映全市场或某一类债券的价格与风险水平的变化。狭义的债券估值指为单只债券定价的估值产品。如无特别说明，以下均指广义的债券估值。

注释：

①债券估值有效解决连续公允定价问题

债券市场具有价格信息不连续的特征。第一，由于债券市场主要由机构投资者参与，持有债券和单笔交易数量较大，场外询价交易是债券市场主要交易方式，交易频率较低，因此债券市场价格的连续性较弱。第二，在场外询价中，交易双方可能在交易中包含一些非市场因素的其他目的，从而可能影响债券市场价格信息的真实性和公允性。

为满足会计核算和风险控制需要，客观上要求必须对债券进行连续的估值。第一，随着会计准则的不断完善，公允价值已经成为金融机构计量金融资产的重要方法之一，这就需要一个连续、公允的债券估值作为债券公允价值计量的基础。第二，债券估值为监管部门提供市场交易监督、防控金融风险的重要工具。例如，2004 年监管部门发布的《商业银行市场风险管理指引》要求商业银行应当对交易账户头寸按市值每日至少重估一次价值，因而在合理市价缺失或定价较难时需要连续、公允的债券估值。

②国债收益率曲线为金融市场提供定价基准

国债以国家信用为基础，为一国金融市场提供无风险价格，天然具有定价基准特征。国债市场规模庞大，交易频繁，滚动持续发行，能够保证利率价格的真实性和持续性。此外，中国国债收益率曲线期限完整，其他金融产品可在同期限国债收益率基础上调整以进行定价，能够满足各类金融产品的定价要求。

确立公允权威的国债收益率曲线，直接关乎一国金融话语权。2013 年，党的十八届三中全会决定提出“健全反映市场供求关系的国债收益率曲线”。2020 年发布的《中共中央　国务院关于构建更加完善的要素市场化配置体制机制的意见》《中共中央 国务院关于新时代加快完善社会主义市场经济体制的意见》强调，“健全反映市场供求关系的国债收益率曲线”“健全基准利率和市场化利率体系，更好发挥国债收益率曲线定价基准作用”，进一步确立了国债收益率曲线的基准地位。

③债券估值广泛应用于金融市场的前、中、后台，涵盖债券交易定价、风险管控、会计计量、业绩评估等业务环节

债券估值在金融机构前、中、后台业务中有着广泛深入的应用，涵盖债券交易定价、风险管控、会计计量、业绩评估等业务环节。在前台，债券估值作为定价参考直接影响交易决策，若当前市场价格低于投资者的定价，则投资者应该买入；若资产价格高于投资者的定价，则应卖出。在中台，风险控制部门需要合理的估值开展风险计量，对前台债券交易情况进行跟踪监测。在后台，金融机构需要公允的估值开展会计计量[①]与业绩评估。例如，基金需要按照公允估值对基金资产和负债的价值进行计算、评估，以确定基金资产净值和基金份额净值，我国开放式基金于每个交易日估值，并于次日公告基金份额净值[②]；再如，资产管理机构需要估值反映其业绩表现，2018 年4 月，中国人民银行等部门发布的关于规范金融机构资产管理业务的指导意见着重强调资管产品需要进行净值化管理，净值生成应当符合企业会计准则的规定，对以公允价值计量的资产进行合理估值。此外，债券估值为金融机构市场风险管理计量提供参考基准，《中国银监会关于建立银行业金融机构市场风险管理计量参考基准的通知》明确规定，各银行应“使用自行编制的或其他机构编制的收益率曲线进行市场风险管理，所使用的收益率曲线对市场变化情况的反映要客观、合理”。

---

① 《企业会计准则第 22 号——金融工具确认和计量》（财会〔2017〕7 号）明确将金融工具划分为以摊余成本计量和以公允价值计量的金融资产和金融负债。

② 封闭式基金也在每个交易日估值，且至少每周披露一次基金份额净值。

6.1　第三方估值

概念：第三方估值指由独立于交易双方的专业机构提供的估值，致力于通过科学研判揭示资产特征，为金融市场信息透明、金融产品理性定价、金融风险识别计量提供便利和依据。

要点：

①按照提供方不同，债券估值可分为内部估值和第三方估值。公允独立的第三方估值可免受商业利益左右、降低道德风险，并与金融机构内部估值相互监督校验。

②权威第三方估值应独立公允、专业性强、公开透明。

③金融基础设施具备提供第三方估值服务的天然优势。

注释：

①第三方估值和金融机构内部估值的关系

第三方估值是金融机构内部估值的监督校验依据。第一，作为交易直接参与者，金融机构前台在掌握市场信息方面具有天然优势，需具备内部定价能力。但金融机构前台与中、后台之间存在信息不对称。前台倾向于将价格高估，中、后台难以有效监督，可能损害金融机构股东与客户的利益，甚至带来系统性金融风险。比如，美国次贷危机前大量有毒资产价格被长期高估。第三方估值能打破金融机构前台对交易信息的垄断，中、后台可将内部估值和交易情况与第三方估值对比校验，进行客观的业绩评价和风险控制，发挥对前台定价权的监督和约束作用，缓释金融市场信息不对称，有利于金融稳定，也可以更有效地保护金融消费者。

第二，金融机构进行会计处理和风险管理时缺乏统一的计量参考基准，不利于监管部门对各家机构市场风险状况进行统一的判断和比较。第三方估值提供统一的计量参考基准，为会计准则落地提供重要抓手，同时可与评级信息相互印证，增强机构间可比性，为有效实施各类市场风险管理措施和模型奠定基础。

第三，第三方估值可助力金融机构内部估值能力建设。第三方估值机构可将估值定价模型方面积累的先进经验，通过业务咨询和系统建设的方式提供给市场机构，基于用户个性需求，提供精细化服务，助力金融机构内部估值能力建设，服务监管要求落地。

②权威第三方估值应具备以下特征：独立公允、专业性强、公开透明

一是独立公允，权威第三方估值的提供方及其股东均应独立于金融市场交易的买卖双方连同其关联方，不应参与任何形式的自营或代理交易，确保无利益因素对产品质量产生任何可能的影响。同时，权威第三方估值机构应是独立法人，相关制度或法规应明确其独立对估值质量负责，不受任何其他方面的干预。同时应建立处理利益冲突事项的内部管理制度，包括公开利益冲突事项、敞口、计量方法。独立公允是权威第三方估值最重要的特征，是专业性和透明度的基础。

二是专业性强，权威第三方估值应有足够的专业能力和充分的数据资源作支撑，广泛获取所估值产品的各类明细数据源，包括交易数据、基础资料等。同时，应建立专业的数据保密机制，数据应只用于估值，而不能用于其他方面，并要对明细数据进行脱敏处理；应建立数据源提供方评价机制，保证第三方供应商的合规性。

三是公开透明，权威第三方估值应保证足够的透明度来接受各方的监督。建立信息公开披露规范，明确披露内容、频率、方式与渠道等，建立可查询、可追溯的信息存档规范，建立独立于生产的内部质量控制机制、建立接受用户质询机制、建立外部监督指导机制。

同时，国际证监会组织（IOSCO）于 2013 年发布了《金融市场基准原则》，针对指数编制，在治理、基准质量、方法论质量、可问责性等方面明确了金融市场基准编制机构及金融市场基准需遵循的一系列规范。

③金融基础设施提供第三方估值具有天然优势

国际上主流的第三方估值提供有两种模式。一是公共事业机构提供，不参加金融交易的金融基础设施机构具备成为第三方估值机构的天然优势，其中立性、专业性和与市场的紧密联系为第三方估值的客观、公允及科学提供了保证。特别地，中央登记托管机构掌握详尽的市场数据，因而在此基础上形成的估值价格质量相对更高。二是由信息商提供，优势在于估值方面的专业性较强，市场竞争更为激烈，同时第三方估值的选择权一般掌握在代理人手中，在激烈竞争的情况下，其中立性可能受到外部因素影响，易存在道德风险。

6.2　中债估值

概念：中债估值是指中央结算公司基于国家重要金融基础设施的服务优势、数据优势和技术优势，为金融市场提供的权威、公允、独立的第三方估值服务。

要点：

①中债估值充分发挥金融基础设施提供第三方估值的优势，独立性、公允性较强，透明度较高，是我国金融市场权威第三方估值，已成为中国金融市场定价基准的重要组成，得到广泛应用和各界认可。

②中债估值接受全方位的外部监督和反馈。

③中债估值已成为中国金融市场定价基准的重要组成，得到广泛应用和各界认可。

④中债估值在全球第二大债券市场率先闯出CSD提供第三方估值的新路，在国际基准原则的基础上高标准要求，相关经验得到国内外同业借鉴，为国际同业价值链拓展做出贡献。

注释：

①中债估值的发展历程

中央结算公司自1999年编制发布中国第一条人民币国债收益率曲

线以来，围绕基准定价职能，不断丰富产品体系。2002 年发布中国债券指数。自 2004 年起，人民银行在《货币政策执行报告》中使用中债国债收益率曲线反映债券市场的利率变化情况。2005 年，中债指数委员会成立，对中债价格指标的编制规则、方法进行评价和论证，并对债券市场的发展进行政策分析研究。2007 年，银监会将中债收益率曲线确定为银行内部风控及风险监管的计量比较基准；2007 年，证监会将中债价值指标作为债券估值定价基准。2010 年，保监会采用中债国债收益率曲线作为保险业保险准备金计量参考基准。2014 年，公司提供技术支持的国债收益率曲线在财政部官网展示。2015 年，国际货币基金组织将中债 3 月期国债收益率作为人民币代表性利率纳入特别提款权（SDR）利率篮子。

中央结算公司全资子公司——中债估值中心于 2017 年成立，匠心打造中国金融市场定价基准形成平台。目前提供中债价格指标、中债分析工具、中债咨询与解决方案三大产品和服务板块。中债价格指标产品目前由中债收益率曲线、中债估值、中债指数、中债风险与合规产品、中债参考数据、中债行情数据六部分构成。中债分析工具包含中债 Dr. Quant 平台和中债债务管理工具两大产品，将中债数据可视化、研究方法工具化、服务内容产品化，在履行基准定价职责的同时进一步提供辅助投研分析解决方案。中债咨询和解决方案包含金融资产估值定价模型咨询和定制化估值业务解决方案等综合性服务，是中债价格指标产品在服务客户模式上的进一步延伸和创新。

②中债估值是中国金融市场权威第三方估值，独立公允、专业专注、透明度高，是我国金融市场权威第三方估值

一是独立公允。股权结构方面，中央结算公司作为国家重要金融基础设施，地位中立，取向客观，不受任何商业利益所左右。全资子公司中债金融估值中心有限公司（以下简称估值公司）于 2017 年成立，作为独立法人实体为金融市场提供第三方估值。中央结算公司及估值公司股权结构清晰，均不参与自营、代理等任何形式金融市场交易。商业利益冲突方面，通过制定商业利益冲突管理办法，对生产人员涉商业利益进行严格监督管控。

二是专业专注。数据方面，依托中央登记托管机构的专业数据优势，广泛获取所估值产品所需的各类明细数据源，包括交易数据、对手方信息、基础资料等，能有效去除对敲等非正常交易信息，有效降低信息收集成本，在此基础上形成的估值服务质量更高，专业性更强。质控方面，建立独立于生产的内部质量控制机制，专设质量控制团队，是国内首家设立质控团队的第三方估值机构。构建集体决策内部评审机制、质量检验机制，进行事前、事中、事后全流程的产品质量规范化管理，保证估值服务公允性。

三是公开透明。估值公司高标准对标 IOSCO《金融市场基准原则》，设置相应的制度流程和控制措施，开展定期内审，定期编制并发布遵循情况报告，以足够透明度接受各方监督。同时，定期编制并发布质量分析报告，提高估值服务的透明度和科学性。

③中债估值接受全方位的外部监督和反馈

2005 年，中央结算公司发起成立中债指数专家指导委员会，由监管部门、市场机构等相关领域具有深厚专业造诣和丰富实践经验的专家组成，对债券市场权威基准价格指标的建设提供重要的方向指引，推动中债价格指标顺应国家金融改革与开放的需要。相关会议议题和研究材料均公开公布，主动接受社会监督。

中债估值作为银行业风险管理计量基准，接受主管部门的监督和指导。《中国银监会关于建立银行业金融机构市场风险管理计量参考基准的通知》明确，应采用中债收益率曲线计算交易账户人民币头寸市值，并与根据自行编制或其他机构编制的收益率曲线计算得出的相应市值在每个工作日至少进行一次比较，差异过大的应向监管部门书面报告。这样就从制度层面有效建立了对中债收益率曲线和机构自行编制曲线的双向监督机制。同时，中债估值是证券业协会、基金业协会债券市场异常交易监测的重要基准，基金业协会收集行业反馈意见，发挥对中债估值的严格质量监督作用。

中债估值建立完善的用户质询机制，加强与客户交流。定期举办质量交流会、专题研讨，主动听取各方意见，回应市场关切。

④中债估值已成为中国金融市场定价基准的重要组成，得到广泛应用和各界认可

中债估值已发展成为国内债券市场权威基准定价，全面反映人民币债券市场价格及风险状况，有效促进了债券公允价格形成和市场透明度的提升，其应用领域逐步从债券市场扩展至其他金融市场甚至是非金融市场，已成为国家财政政策与货币政策实施的重要参考指标，以及主管部门市场监测的有力工具，有效衔接配合了利率市场化、人民币国际化等国家金融战略的实施。

中央结算公司向金融市场提供权威的国债收益率曲线。1999 年，在管理部门指导下，中国第一条国债收益率曲线由中央结算公司发布，经过 20 多年培育建设，中国国债收益率曲线得到各界高度认可，已成为我国债券市场权威定价基准。目前我国财政部、人民银行、国家金融监督管理总局官方网站均发布了由中央结算公司技术支持的中国国债收益率曲线，其中 3 个月期限的国债收益率被国际货币基金组织纳入 SDR 利率篮子。自 2009 年起，财政部陆续指定使用国债收益率曲线作为国债和地方政府债券发行定价的基准。截至 2021 年末，中国国债收益率曲线累计支持超过 30 万亿元国债和地方政府债券的市场化招标发行。中国国债收益率曲线具有国内经济先行指标的作用，同时是各类金融资产的定价参考基准以及市场风险管理及投资业绩考核的计量参考，可用作股权类证券和国债期货等金融衍生工具定价的参考，商业银行存贷款及内部转移定价的参考和协议存款定价的参考。人民银行指导利率自律机制建立了存款利率市场化调整机制，自律机制成员银行参考以 10 年期国债收益率为代表的债券市场利率和以 1 年期贷款市场报价利率（LPR）为代表的贷款市场利率，合理调整存款利率水平。

中债估值在投资分析和市场决策方面发挥重要作用，广泛应用于公允价值计量、市场风险监测以及交易定价参考。中债估值是人民银行监测银行间债券市场异常交易的参考指标，是证券业协会及基金业协会债券市场异常交易监测的重要基准。基金业协会在相关行业自律规范文件中，推荐可采用中债估值计算债券净值；会计师事务所多采用中债估值作为审计标准；中债估值作为债券公允价值在担保品管理服务中应用于市值监控，包括逐日盯市，自动增补、退还等功能，并在担保品违约处置阶段作为标的债券的公允价值。中债估值还被财政部、国税总局采纳作为增值税计算中债券买入价公允价值。中国保险资产管理业协会发布的《保险资产管理产品估值指引（试行）》明确推荐中债—中保登保险资产管理产品估值作为保险资产管理机构及产品投资人在确定保险资产管理产品公允价值时优先使用的第三方估值数据。审计和司法判决领域也越来越多使用中债估值作为债券资产相关的公允价值度量依据。

中债指数客观且多角度地反映中国债券市场的走势情况，同时为投资者提供多元化的指数标的。中债指数应用范围在不断发展，全国社保基金理事会、商业银行、保险机构、证券公司、基金公司等越来越多的境内外机构使用中债指数作为业绩考核的基准或投资组合的跟踪标的。

⑤中债估值的相关经验得到国际同业认同，为国际同业价值链拓展做出贡献

由中央登记托管机构提供的第三方估值不仅在我国取得成功，在国际上也逐步得到认同。在欧美，下设 11 个交易所和 7 个清算所子公司的美国洲际交易所集团收购了互动数据公司（Interactive Data）。在亚洲，马来西亚由获得主管部门批准认可的马来西亚估值公司提供估值，泰国、印度尼西亚和菲律宾则由行业协会或基础设施机构提供第三方估值服务。其中泰国第三方估值由泰国债券市场协会提供；印度尼西亚第三方估值由印度尼西亚估值公司提供，该公司由印度尼西亚证券交易所、印度尼西亚证券托管公司和印度尼西亚清算所联合控股；菲律宾第三方估值由菲律宾交易系统控股集团提供，该公司承担菲律宾证券托管、交易、结算和清算工作。

概念七：债券统计监测

7. 债券统计监测

概念：债券统计监测，是对债券市场发行、登记托管、交易结算、付息兑付等业务活动进行统计调查、整理和分析，为国家进行宏观决策、金融部门监管市场运行、市场主体和潜在投资者开展投资活动、社会公众了解经济社会提供统计资料，并根据收集到的多维数据，主动构建风险感知指标和探测模型、开展一线监测等活动的总称。

要点：

①债券统计是金融统计的一部分，要以债券市场统计为主要推进领域，以金融基础设施为依托完善金融市场统计。

②金融基础设施的债券统计监测以支持金融稳定和其他相关公众利益为目标。通过业务运行所维护和产生的数据，以及代表参与者所维护和产生的数据，应用于提升市场透明度和推进公共政策目标。

③中央证券托管机构是事实上的交易数据库，债券统计监测应向有关管理部门和公众分别提供详尽的数据；应根据有关管理部门、参与者和公众各自的信息需求，提供不同范围和程度的数据；应具备健全的信息系统，及时提供准确的当前和历史数据，并采用易于分析的格式。

④中央证券托管机构开展债券统计监测的前提条件——穿透式安排。

注释：

①债券统计工作要为国家和金融部门监测经济运行情况、为社会公

众提供统计信息

债券统计是金融统计的一部分。《国务院办公厅关于全面推进金融业综合统计工作的意见》提出，建立完善债券市场、货币市场、外汇市场、黄金市场等金融市场统计。以债券市场统计为主要推进领域，完善债券统计制度等。

债券统计工作要为国家和金融部门、为社会公众提供统计监测信息。《金融统计管理规定》指出，金融统计工作的基本任务包括三个方面：一是为国家和金融部门进行宏观经济决策、监测经济与金融运行情况、金融监管和经营管理提供统计信息和统计咨询意见；二是为社会公众提供统计信息；三是进行国际交流并为有关国际金融组织提供信息资料。

②债券统计工作要逐步实现按国际准则加工和披露

债券统计要逐步实现按国际准则加工和披露。《金融统计管理规定》指出，加快金融统计与国际接轨的进程，逐步实现按国际准则加工和披露金融统计数据。金融统计资料公布的主要内容要逐步实现与国际接轨，加快透明度进程。

债券统计数据加工方面，2018 年《国务院办公厅关于全面推进金融业综合统计工作的意见》指出，要统一规范金融机构、金融工具、金融交易对手所属经济部门、金融基础设施等基础统计要素的定义、口径、分类和编码等规则。

③债券统计要以金融基础设施为依托，提升市场透明度

《金融市场基础设施原则》指出，透明度有助于确保向金融基础设施的参与者、管理部门和公众提供相关信息，有助于保护投资者，维护市场纪律。提高面向广大公众的透明度，有助于在更大范围树立对市场的信心、了解市场，以及为稳健的公共政策提供支持。在数据方面，金融基础设施至少要披露关于交易笔数和金额的基本数据。

《国务院办公厅关于全面推进金融业综合统计工作的意见》指出，

要以金融基础设施为依托，建立完善债券市场、货币市场、外汇市场等金融市场统计，要建立金融业综合统计数据共享机制，在符合国家保密规定的前提下，提高统计透明度和数据使用效率，实现对基础数据源、汇总指标以及统计报表的充分共享。

④债券监测要基于数据挖掘工作和分析方法，在风险识别和预警方面发挥主动积极作用

《国务院办公厅关于全面推进金融业综合统计工作的意见》指出，要加强系统性金融风险关键环节统计监测；依托金融基础设施，有效识别市场风险及其传染渠道，为金融市场风险评估提供支撑。

金融市场基础设施是监测、排查个体机构突出风险、行业局部风险和系统性风险的重要载体。金融市场基础设施掌握大量真实、准确的数据，基于这些数据，金融市场基础设施可以构建一套严密高效的监测预警指标体系对金融风险加以防范。高效灵敏的金融风险监测预警指标体系，既能够从宏观上监测金融市场系统性风险，也能够从微观上排查个体机构风险。既能够监测个体风险，也可以预警甚至模拟个体风险可能引起的网络传播风险。

⑤公布债券统计信息、提供债券相关信息和开展日常监测是中央证券托管机构的职责

中央证券托管机构根据主管部门授权及时公布债券有关统计信息。《银行间债券市场债券登记托管结算管理办法》第十二条指出：“债券登记托管结算机构根据业务发展需要，可以编制并定期发布债券登记、托管和结算业务相关信息。”第十七条指出：“债券登记托管结算机构应当于每月前5个工作日内向中国人民银行报送上月债券发行、登记、托管、结算等有关数据和统计信息，并于每年度结束后20个工作日内向中国人民银行报送债券登记、托管和结算业务的年度工作报告。”第十八条指出：“债券登记托管结算机构应当按有关规定及时公布债券登记、托管和结算业务有关统计信息，但不得泄露非公开信息。”从国际经验看，各国中央证券托管机构均不同程度披露了统计数据。例如，美国证券存托与清算公司（DTCC）披露每日交割量/市值、交割失败率，不同券种每月的发行量等。欧洲清算银行（芬兰）披露每月投资者数量、账户数量和各类投资者持仓占比。德国明讯银行公布月度托管量、交易量等。此外，各国通过国际清算银行网站披露标准的发行、托管、交易结算数据等。

中央证券托管机构根据主管部门授权履行日常监测职能。《银行间债券市场债券登记托管结算管理办法》第十六条指出："债券登记托管结算机构应当对债券登记、托管和结算活动进行日常监测，发现异常情况、重大业务风险和技术风险以及重大违法违规行为的，应当及时向中国人民银行报告并进行相应处理，同时抄送交易商协会。"

⑥中央证券托管机构居于市场网络核心，是开展市场风险管理的重要抓手

中央证券托管机构居于市场中的核心地位，具有网络效应。中央证券托管机构通过与各金融机构之间的联系形成业务网络中心节点。网络效应，即需求方规模经济。中央证券托管机构位于金融网络的关键节点，随着接入网络的机构不断增加，网络的价值越来越高。规模效应使得中央证券托管机构具有先发优势，一旦形成规模，后来者很难替代其发挥作用，证券登记存管在自然状态下会越来越集中。

在网络效应下，以中央证券托管机构为核心的金融市场网络不断增大，中央证券托管机构已不再是被动地为生产要素的凝聚和分配提供途径，而是主动地对各类风险进行识别、预警、发现、化解、处置和科学防范，筑牢防范系统性金融风险的底线。

中央证券托管机构开展风险监测具有天然优势。《金融市场基础设施原则》指出，中央证券托管机构提供证券账户、集中保管服务和资产服务。中央证券托管机构掌握债券交易结算、托管等全生命周期数据，特别是在直接持有模式下，中央证券托管机构及时、准确、完整地掌握实际投资者的明细账户持有情况，能够支持债券自发行日起的持有链条、资产流向，可支持监管部门对账户进行动态监测和管理，可为监管部门管理系统风险提供高效安全的方式。

⑦中央证券托管机构是事实上的交易数据库

交易数据库是集中保存交易业务数据电子记录（数据库）的单位。交易数据库的重要功能是为单个机构和整个市场提供信息，有助于降低风险、提高经营效率和节约成本。具体而言，交易数据库通过数据的集中收集、存储和传递，一方面可以为有关管理部门提供所需数据，为有关管理部门进行市场监测、促进金融稳定提供支持；另一方面可以为公众提供统计数据，提高市场信息的透明度。

《金融市场基础设施原则》指出，交易数据库应该根据有关管理部门和公众各自的需求向其提供及时、准确的数据，交易数据库至少应向公众提供敞口头寸、交易笔数和交易金额的汇总数据和分类汇总数据（例如，按交易对手、参照实体分类或产品货币分类汇总）。披露的数据和其他信息，应当通过可以广泛访问的媒体发布，如互联网。除了使用交易数据库所在司法管辖的本地语言外，还应使用金融市场中广泛使用的语言。数据应附有详尽的解释性文件，使用户可以准确地了解和使用数据。

中央证券托管机构是天然的交易数据库。中央证券托管机构能够为市场监测和公众统计提供更加全面的信息。中央证券托管机构除存储交易数据库基本要求的交易数据等流量或过程性数据外，还存储指令确认、结算合同执行、交易以外其他业务形成的合同执行数据，是真实的证券和资金流。此外，中央证券托管机构还存储证券所有权账务数据等存量或终态数据。

中央证券托管机构承担交易数据库职能直接向监管部门提供安全、高效的数据。交易数据库的建立需要遵循安全性、高效性原则。安全性原则是指监管和监测的数据需要得到最高级别的保护。中央证券托管机构作为金融基础设施，在设计之初，对账户安全问题的考量就是重中之重，在数据保密方面更有丰富的运营经验。其次，中央证券托管机构直接作为交易数据库，能够避免各种数据的二次传输，从而大大降低数据安全风险。依托既有功能，中央证券托管机构能够快速为有关管理部门提供所需数据并进行实时监测，也能为公众提供统计数据。

⑧中央证券托管机构做统计监测的前提条件——穿透式安排

为了更好地防范金融风险，穿透式安排是统计监测最大限度发挥职能的前提条件。穿透式安排下，监管可以直接看穿明细，日常监测直接、高效。投资者与发行人、中介机构之间的法律关系简单明了，投资者资产权益也可以得到更加有效的保护。

党的二十大报告提出，依法将各类金融活动全部纳入监管。2023年中央金融工作会议再次强调全面强化机构监管、行为监管、功能监管、穿透式监管、持续监管，消除监管空白和盲区。穿透式监管的定义是指监管部门可以看穿投资者的证券账户，清楚掌握每一个账户的情况，交易者账户对于监管者完全透明。穿透式监管理念已经在财政、金融等多个领域实施。

穿透式监管是国际趋势。2008 年国际金融危机后，国际证监会组织和各国机构认识到穿透监管的必要性。2013 年，国际证监会组织发布研究报告中提到，市场监管机构应当有能力在每一笔订单和交易过程中识别相应的客户与参与人。巴塞尔委员会也将“穿透方法”引入控制集合投资风险暴露以及大额风险暴露等领域。

穿透式监管的优势在于不看报单、不看撤单，更不看成交，忽略所有交易过程中的复杂问题。穿透式监管可以有效规避各种复杂的金融创新风险，如金融市场中的各种通道、产品、结构等，在对交易账户底层资产进行监测和统计中达到有效测量风险、监控风险、预警风险的目标。

实施穿透式监管需要一级托管体系作为支撑。在多级托管体制下，权责确认模糊，给账户的监管和监测带来诸多不便，增加了交易成本。

一级托管体制不仅可以显著提升结算效率，还赋予了托管结算机构专业优势、数据优势和中立特征，能够有效保证监测服务和价格指标的公允性，并可针对金融市场参与者的不同需求提供个性化服务。基于中央确权的中央登记托管体制发挥了简洁透明、安全高效的优势，为债券市场提供安全、透明、可持续的监管和监测服务。

⑨中央结算公司以监管部门、社会公众、市场成员为主要服务对象，建立了板块全面、层次丰富的统计监测服务体系

中央结算公司自1996年成立以来，依托中央确权、一级托管和债券全生命周期服务的专业优势，基于穿透终端投资者的发行、登记托管、交易结算数据，不断完善统计监测指标和模型框架。经过长期发展，形成以监管部门、市场成员、社会公众为服务对象，包括监管统计、发行人/投资人“我的统计”和统计月报等主要内容的统计服务体系，借助中央国债智能统计系统、债券业务监测系统、中债信息网、中债综合业务平台和国际清算银行等国内外数据平台，提供不同层次的数据服务。此外，中央结算公司充分发挥基础设施的数据优势，运用前沿金融和应用分析挖掘工具，不断提升监测智能化，积极履行一线监测职能，为数字化监管提供有力支撑。

中央结算公司统计数据直接来源于业务系统，涵盖债券全生命周期，具有直接、真实、准确的特点。中央结算公司依托国际领先的中央确权和透明托管体系，根据穿透到终端投资者的真实持仓和交易数据，形成了以债务证券种类、交易对手方为分类标准的统计指标体系，覆盖债务证券全生命周期的存量和流量统计，以及“从谁到谁”的矩阵式管理。

中央结算公司监管统计依托中央确权、一级托管体系和全额实时结算系统（RTGS）支持向监管部门提供日报乃至日间实时级别的高频度、穿透式的报告，支持向监管部门提供定制化数据产品和专题数据分析，在监管支持领域处于国际领先水平。

中央结算公司公开披露的统计数据，提供按债务证券种类和按交易对手类型统计数据，支持按银行间、交易所、柜台市场分类。发行量、结算量和兑付量为流量统计，托管量、投资者数量为存量统计。从元数据看，中央结算公司存储债券类别、性质、发行人、币种、发行期限、选择权信息、浮动方式、债券信用评级等债券基本信息，持有人角度存储属性、性质、地区等基本信息，支持发行人/投资人“我的统计”服务根据需要进行灵活统计。

中央结算公司承担银行间市场一级监测职能，高度重视监测预警工作，通过不断迭代优化，已形成体系化的风险监测框架。在监测层次上，既关注金融宏观风险，也关注行业、个体中微观风险。在监测指标上，既包括价的指标，也包括量的指标。同时，还注重将研究成果适时转化为日常监测内容。中央结算公司通过积极主动的监测工作，为防范化解金融风险提供了有力支撑。

下　篇

债券市场热点问题研究

专题一：探索建立区块链数字债券制度规范

“十四五”规划提出，要培育壮大区块链等新兴产业，加快数字化发展，建设数字中国。金融基础设施探索区块链数字债券是在专业领域落实国家战略的重要体现，是在国际市场提升竞争力和话语权的重要方向。区块链数字债券可以发挥境内债券市场补充作用，在跨境业务领域找到合适应用场景，有望拓展数字货币的应用领域。为维护区块链系统安全，促进数字债券规范发展，培育良好的市场生态，区块链数字债券的运营应由金融基础设施提供公共系统服务，实施与市场机构共商共建的中心化管理机制。

一、区块链数字债券形态

20 世纪 90 年代，计算机信息科技的兴起为债券数字化提供了技术支撑，使债券形态从有纸化转向无纸化，电子数字债券兴起。中国债券市场利用电子信息技术实现了债券全生命周期的数字化处理，电子债券蓬勃发展。近年来，区块链技术的出现为数字债券带来新的数字化手段。根据工信部对区块链的定义[①]，区块链技术具有分布式记账、不可篡改、不可伪造等典型特征，利用区块链技术对债券进行数字化，可进

---

① 工信部对于区块链的定义分为狭义和广义两种。狭义区块链是指按照时间顺序经数据区块以顺序相连的方式组合成的一种链式数据结构，并以密码学方式保证的不可篡改、不可伪造的分布式账本。广义区块链是指利用块链式数据结构来验证和存储数据、利用分布式节点共识算法来生成和更新数据、利用密码学的方式来保证数据传输和访问的安全、利用由自动化脚本代码组成的智能合约来编程和操作数据的一种全新的分布式基础架构与计算范式。

一步提高信息处理的透明性和可信性。

区块链数字债券是数字债券的一种，是应用区块链技术、具有通证形式、可支持账户松耦合的数字债券。与传统数字债券相比，区块链数字债券以区块链技术为数字化手段，债券表现为通证形态。传统数字债券则以传统电子信息技术为数字化手段，债券表现为账户形态。

二、探索区块链数字债券的意义

区块链数字债券可丰富境内债券市场生态，提高离岸业务效率，提升我国债券市场的国际竞争力，也可以拓展数字货币的应用场景，更好地维护金融安全。

（一）丰富境内债券市场生态

境内债券市场由中央托管机构提供发行、登记、托管、结算、兑付等债券全生命周期服务，市场效率和透明度较高，数字化程度处于世界领先水平。

发行方面，我国中央托管机构为发行人提供安全、高效的发行服务，降低发行人自身的系统建设和合规成本。

托管方面，我国债券市场采用以一级托管为主的穿透式托管体系，安全、透明、高效，从制度设计上实现了安全与效率的最优结合。

结算方面，我国债券基础设施整体具备 7 × 24 小时的运行服务能力，中央托管机构主流采用全额实时（T + 0）逐笔结算，结算效率高于境外区块链模式。现有的券款对付（DVP）模式经过多年实践检验，在风险管理方面具备明显的制度优势。

对于债券市场而言，当前由中央托管机构提供传统数字债券全生命周期服务是兼具效率和公平的先进模式。区块链数字债券可增强市场的包容性和金融基础设施系统的稳健性，为债券市场数字化发展提供新模式，可以作为传统数字债券的补充。

（二）提升离岸业务效率

在债券离岸业务中，明珠债已实现可穿透的一级托管，尚缺乏公用统一的发行系统；其他离岸债券则同时存在自办发行和多级托管情形。区块链数字债券可提升离岸业务的安全性和效率。

一是降低发行风险。发行方自办发行系统存在信息篡改的道德风险和数据处理错误的操作风险。区块链通过共识机制可加强对业务内容和流程的监督约束。由中央托管机构提供公用的区块链发行系统，还可降低市场机构的自建成本。

二是降低交易和托管风险。在多级托管安排下，投资者通过层层嵌套的中介机构交易和持有债券，环节多、流程长、法律关系复杂。区块链技术通过节点设置可使原有的层级系统变为网状系统，在一定条件下既可降低境外投资者的交易成本，又可强化实时穿透监管。

三是提升结算效率。多级托管的复杂安排导致结算周期长，资金占用成本高。区块链技术可免除多层中介参与交易的繁杂流程，缩短结算周期，提升交易效率。

四是增强投资信心。区块链分布式记账和不可篡改的技术特征，能够确保数据的真实性和透明性，进一步增强境外投资者对中国债券市场的信心。

（三）提高市场的国际竞争力

国际上，个别金融基础设施机构在区块链数字债券方面开始了初步试验。中央结算公司作为国家重要金融基础设施，也在积极探索。2022年，在政府部门的指导下，中央结算公司入围国家区块链创新应用试点，上线国内首个区块链数字债券发行公用平台，并成功支持多只企业债券、金融债券和明珠债发行，填补了境内金融基础设施支持离岸发行相关领域的空白。中央结算公司的区块链数字债券系统在业务、技术和治理机制等方面都处于国际领先地位。在发行业务的基础上，中央结算公司还将持续探索以区块链支持债券全生命周期服务。中央结算公司的探索展现了中国金融基础设施的科技实力，有利于提升国际话语权，增强中国债券市场的国际影响力和竞争力。

（四）更好地维护金融安全

区块链技术的应用可将多中介层级系统拉平为网状系统，提高信息的透明度和穿透性，这也是那些有多级托管的国家积极探索以区块链技术改良多级托管弊端的原因。当前我国债券市场主流采用一级托管体系，世界领先。对于个别未实现一级托管的情形，区块链技术的应用可增强信息的穿透性，强化穿透监管，维护金融安全。同时，区块链数字债券可与数字货币有机融合，拓展数字人民币应用场景，助推数字人民币在国际结算中的应用，促进人民币国际化，更好地维护金融安全。

三、区块链数字债券的运营制度探讨

区块链数字债券的规范运行，需要在金融规范和中心化管理的基础上，由金融基础设施和市场机构共商共建共享。中央结算公司的区块链数字债券项目采用联盟链，探索将法律法规所规定的必要中心化管理原则和分布式账本、共识算法、智能合约等技术架构有效协调。

（一）市场稳健运行离不开中心化管理

区块链数字债券的底层技术特征是分布式记账，但是运营机制应坚持中心化管理。

一是市场的规范运行离不开中心化管理。区块链数字债券的系统建设、智能合约编写、技术创新、联盟治理、市场培育、风险监测、冲突解决等都离不开中心化管理。

二是市场的高效运行需要中心化管理。债券市场的正常运行需要系统每秒百万笔交易算力。完全去中心化需要在公有链的条件下实现，为保证每个节点的权利平等，技术上要求每个节点在存储、计算、网络通信等能力方面同等。为兼顾效率和成本，中央结算公司的区块链数字债券发行系统采用中心化管理的联盟链（以下简称中债链）模式，参与者必须是债券市场的合法成员。为降低市场机构的参与成本，中债链设计了全节点、轻节点、无节点等多种接入方式。

三是参与者的权限设计和必要的隐私保护需要中心化管理。在公有链中，为促使各节点之间完全充分信任，需要较高程度的数据透明性。在债券市场的业务运行中，不同角色的参与者权限不同，隐私保护的要求不同。中心化管理可较好地平衡隐私保护需求与信息透明共享。

中债链实施中心化管理。其中，中央结算公司履行法定中央托管机构职责，对区块链数字债券系统实施中心化管理，同时接受市场机构的监督，合理采纳并及时回复市场机构的意见建议。

（二）实施共建共享的中心化管理

传统数字债券运行系统由中心管理机构单独建设，向市场提供公共服务。区块链数字债券运行系统需要多节点参与记账和共识，系统建设和运维需要中心管理机构和市场成员共商共建。实施共建共享的中心化管理有助于构建更加可信的市场体系，市场机构的全节点账本可与中心管理机构的账本进行核对，增强数据的可信性，共识机制支持市场机构参与决策，对中心管理机构形成有效监督。

中央结算公司和市场机构共建共治中债链，共同促进区块链数字债券系统安全稳健运行。中央结算公司负责制定业务运行规则，编写升级智能合约，建立完善联盟制度。市场机构在遵守联盟制度的基础上，有序开展业务创新，提供有益反馈和合作监督。中央结算公司的区块链数字债券项目从方案预研到落地应用，各个环节都与市场机构共商共建共享。截至2022年末，中债链已支持银行、券商、企业发行人等各类机构开展业务，服务用户近500个。

（三）由重要金融基础设施组织提供系统服务

在实践中，探索区块链数字债券服务的机构有两类：金融基础设施机构和商业机构。其中，商业机构仅提供金融债券的部分发行服务，形成的是债券登记申请凭证，债券在发行后仍需在金融基础设施机构登记托管，形成具有法律效力的债券。金融基础设施机构可提供区块链数字债券的全生命周期服务，在区块链应用服务方面具有以下优势。

一是中立优势。金融基础设施不以盈利为目的，以独立第三方身份参与市场建设，公信力高于商业机构。在传统数字债券业务中，金融基础设施根据国家法律法规和监管规则制定业务细则，组织开展债券业务。区块链数字债券的业务运行主要由智能合约自动执行，系统提供者需要根据市场业务规则编制智能合约，这对系统提供者的中立性提出了更高要求。

二是集中优势。在实践中商业机构运营各自独立的系统，不同系统之间难以连接和转换，容易造成碎片化发展。金融基础设施提供的区块链数字债券系统可为全市场提供集中、统一的服务。

三是成本优势。金融基础设施建设区块链系统提供公共产品供市场机构选用，可为市场机构节约开发资源，是集约高效的发展路径。

四是专业优势。区块链数字债券创新性强，对服务机构的专业能力要求较高。金融基础设施在业务、技术、管理、服务等方面经验丰富，服务市场的专业性更强。

五是风控优势。金融基础设施承担一线风险监测管控职能，由其提供区块链系统服务，对数字债券进行统一管理、强化穿透监管和防范金融风险。

（四）探索“通证＋账户”的融合记账体系

区块链数字债券的运作以数据治理为根本，数据记录模式可融合传统数字债券的账户体系和区块链数字债券的通证体系。

传统数字债券采用账户体系，以客户为基本单位，将相关债券要素与持有人建立对应关系。通证体系是区块链技术带来的新型记账模式，以通证为基本单位，相关记录加密处理且不可篡改。账户体系在查询方面更具效率，通证体系在信息透明性、防篡改等方面更具优势。区块链数字债券可考虑融合两种记账模式，在区块链系统内部记账采用通证体系，在用户查询功能中设置账户体系。

（五）推动建立统一的标准体系

区块链数字债券在国内外都处于探索试验阶段，相关的专业术语、业务逻辑、技术平台等缺乏规范标准。金融基础设施作为系统提供机构和中心化管理机构，在探索实践中总结提炼，可推动建立区块链数字债券标准体系，促进市场统一规范发展。

中央结算公司作为国内首家区块链数字债券探索应用机构，已尝试建立系统平台和接口等规范体系，力求实现可复制、可推广的经验做法，促进行业生态形成和规范发展。

四、区块链数字债券的监管制度探讨

区块链数字债券更多体现技术创新，其本质仍是债券，仍需遵从现行的监管制度，由中央托管机构进行集中登记确权和一级托管，实现穿透监管。

（一）区块链数字债券不改变债券的法律属性

中央托管机构利用区块链技术提供数字债券服务，业务的参与主体均为债券市场的合法市场成员，债券品种和发行规模均经监管部门批准，业务规则、运行逻辑、受监管程度等均与传统债券相同，本质是技术创新，其法律属性仍是债券。对这种只改变底层技术、不改变债券法律性质的产品，国际上一般都在法律上承认其合法性。

（二）区块链数字债券由中央托管机构集中登记确权

区块链数字债券由中央托管机构集中登记确权，以中央托管机构节点账本记录作为确权依据。现有监管规则赋予中央托管机构进行债券确权的法律地位，规定债券登记是债券登记结算机构以簿记方式依法确认债券持有人持有债券事实的行为。簿记是会计中填制凭证、登记账簿、结计账簿的发生额和余额、编制会计报表等工作的总称。簿记即记账，电子簿记即使用登记结算机构的电子系统进行记账。登记结算机构提供的区块链数字债券系统和传统数字债券系统都属于电子记账系统，相关簿记记录都具有债券确权效力。

（三）区块链数字债券遵循穿透监管原则

区块链数字债券应遵循现有监管规则，贯彻落实穿透监管，实现信息集中穿透。我国传统数字债券的发展历史表明，一级托管、直接持有是有效落实穿透监管的制度安排。中央托管机构为终端投资者直接开立债券账户，直接掌握底层投资者信息，可精准识别底层投资者，高效实现穿透监管，在穿透的时效性、真实性以及信息全面性方面都具有较强优势，还能够有效降低监管成本，防范金融风险。区块链数字债券的发展应吸取历史经验，继续坚持和深化发展一级托管的制度优势，坚定落实穿透监管原则。

专题二：推动实现债券发行券款对付

《证券结算系统推荐标准》（RSSS）明确指出，参照证券二级市场交易结算，可以而且应该将券款对付（Delivery Versus Payment，DVP）结算方式应用于证券发行中。各国证券一级市场结算系统应努力达到此标准。目前，欧清银行、明讯银行等国际机构已在发行分销和缴款环节提供 DVP 服务。在国内，中央结算公司已在分销环节提供 DVP 服务，缴款 DVP 系统已建设完成，相关业务指引也已制定发布，只要政策允许即可应用。未来还可探索在区块链上实现发行 DVP。

一、债券发行 DVP 简介

（一）背景

DVP 是指债券交易达成后，在交易双方指定的结算日，债券和资金同步进行交收并互为条件的一种结算方式，即“一手交钱，一手交货”。DVP 是一种安全、高效、国际通行的结算方法，目前已经广泛应用于国内外证券市场。自 2013 年起，我国银行间市场债券交易即全面采用 DVP 结算方式。在债券发行中引入 DVP 结算方式，以券款对付方式完成债券发行业务结算，即同步实现债券交付与资金交收，是将二级市场成熟制度引入一级市场的重大举措。

在证券登记托管结算机构服务的承销团发行模式中，债券发行通常包括发行分销和发行缴款两个阶段。因此，发行 DVP 通常包括发行分销 DVP 和发行缴款 DVP。发行分销 DVP 是指主承销商和认购人之间的券款对付，发行缴款 DVP 是指主承销商和发行人之间的券款对付。

（二）优势

1. 发行人：降低结算风险，提高发行效率

发行人可通过系统直接收到划拨资金，无须线下等收汇集款项。特别是在承销资金专户单独核算的情况下，在发行缴款完成前资金处于冻结状态，并与主承销商其他结算资金实行严格隔离。这从根本上杜绝了债券发行资金被挪用的可能，确保发行人及时足额收到债券发行款，降低发行环节的结算风险。

2. 认购人：强化安全保障，及时确认债权

分销认购人缴款资金由系统自动划款给发行人账户，无须将分销资金汇集至主承销商后再线下汇至发行人。这从根本上规避了分销认购人在缴款后因承销商未向发行人缴款而得不到债权确认的风险，确保认购人可以及时确认债权，强化对认购人投资公允的保障。

3. 主承销商：减轻操作负担，提高缴款效率

主承销商只要在分销结算截止时点前确保资金账户有可用资金即可，系统将实时自动划款给发行人账户，不需要将分销资金收集后通过线下方式再缴款给发行人，避免债权不能及时确认的风险。同时，主承销商不需要按照分销额度提前准备大量资金，溢价分销超额冻结的资金也实时返还。

4. 一级市场：交易结算自动化的重要标志

债券发行 DVP 是基于交易结算 DVP 的制度创新，如能全面开展，对于证券市场交易体系的自动化、规范化进程都有着标志性意义，也是延伸支付系统功能的最有效方式，实现一级市场交易结算自动化势在必行。

二、债券发行 DVP 的国际实践

（一）分销缴款一体化模式

发行分销缴款 DVP 可一体化实现，具体业务方案包括四个步骤：一是初始额度生成，发行人账户确认初始债券额度。二是发行缴款 DVP，将债券额度从发行人账户交付到主承销商账户，通过账簿分录借记主承销商资金账户、贷记发行人资金账户，同时反映到各自的内部现金备忘账户中。三是发行分销 DVP，将债券额度从主承销商账户交付到投资者账户，通过账簿分录借记投资者资金账户、贷记主承销商资金账户，同时反映到各自的内部现金备忘账户中。四是结算交割，在缴款日所有交易对手同时发出结算指令，经泛欧实时全额自动清算系统（TARGET 2）完成资金清算后，账户内的债券额度全部确认为债权（见图 1）。

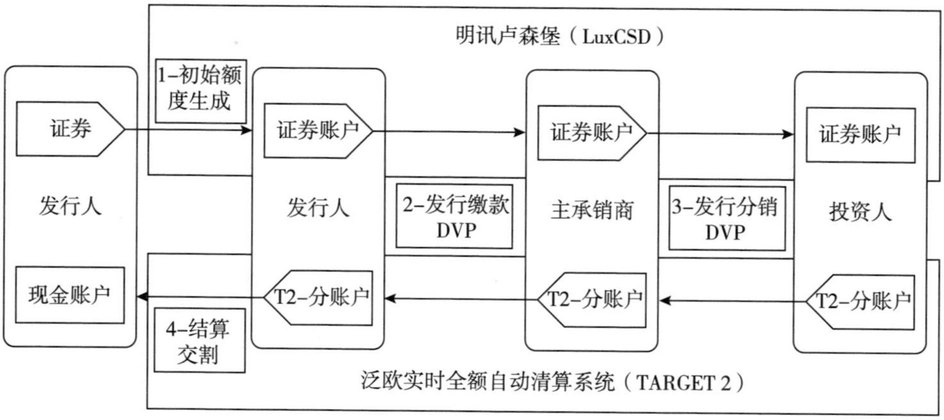

图 1　一体化模式业务流程

（二）分销缴款分段模式

分销 DVP 和缴款 DVP 也可分段完成，具体业务方案包括三个步骤：一是初始额度生成，采用 FOP（纯券过户）方式将债券额度计入代理人

“新发行后待分配证券”账户，此阶段无须付款。二是债券分销 DVP，代理人专用资金账户在收到认购人款项后，将“新发行后待分配证券”账户中对应的债券额度计入认购人证券账户。若发行人追加发行额度，也是采用 FOP 方式将债券额度计入“新发行后待分配证券”账户，通过 DVP 模式完成债券分销。三是缴款 DVP，将缴款资金从代理人专用资金账户汇入发行人资金账户，并办理债权确认。

三、我国债券发行 DVP 的实践与探索

（一）发行流程及 DVP 的应用

1. 发行流程简介

我国债券发行流程包括初始额度分配、债券分销、发行缴款及债权确认三个阶段，债券分销阶段已全面支持 DVP 结算。三个阶段的业务流程为：一是初始额度分配，主承销商通过中央结算公司招投标系统对债券进行投标，中标额度为分配的初始债券额度。二是债券分销 DVP，主承销商将债券额度分销给认购人，认购人资金同步划拨至主承销商资金账户中。三是发行缴款及债权确认（先款后券），承销商在缴款日将发行款拨付给发行人，发行人在足额收到款项后，由中央结算公司在缴款日第二个工作日确认承销商和分销商所持有的债权。发行人如未足额收到应缴发行款，则通知中央结算公司暂不办理该部分债权的登记和托管，这部分债权确认根据发行款收到情况另行处理。

2. 可能存在的问题

在当前模式中，债券认购资金需要从认购人划拨到承销商结算资金账户，再由承销商自行缴纳给发行人；债券额度需要从承销商处过户到认购人，发行人收款后再进行债权确认。其中，在钱款汇集和债券分配这两个方面存在分段和脱节，缺乏对发行人、承销商和认购人三方权利、义务平衡对等的制度设计，总有一方处于风险暴露中，存在风险隐

患和漏洞。

一是主承销商存在挪用资金风险。在债券分销阶段，虽然已经实现了分销结算 DVP，但认购人的资金是汇入承销商结算资金账户中的，在缴款日前可由承销商任意支配，存在承销商挪用认购资金的风险。

二是认购人债权不能及时确认。在发行缴款及债权确认阶段，由于承销商是自行缴纳发行款给发行人，如果承销商挪用认购资金，将导致发行人无法按时足额收到发行款，从而拒绝或延迟确认债权，使认购人遭受损失。此外，由于发行缴款和债权确认采用先款后券的方式，即使承销商按时、全额支付了认购款，承销商和认购人也存在债权不能被发行人及时确认的风险。

三是在实践中已发生风险事件。例如，A 证券公司作为承销商将债券分销给 B 银行，B 银行向 A 证券公司支付了认购款。但 A 证券公司突然破产，该笔认购款作为清算资产被法院扣划。发行人以并未收到发行款为由拒绝确认债权，认购人 B 银行面临损失；B 银行提出已经支付了认购款并要求发行人确认债权，发行人若确认债权，则也面临损失。此次风险事件虽然最终通过司法途径得以解决，但对证券市场秩序和参与者都造成了极大损害。

（二）发行缴款 DVP 方案

中央结算公司提供的发行缴款自动化服务（即前文所称“发行缴款 DVP”），是指当债券发行人在中央结算公司负责维护的发行系统以招标或簿记建档方式发行债券时，委托中央结算公司在发行缴款与债权确认环节进行代扣代缴发行款及债权确认处理的服务。中央结算公司相关系统已建设完成，目前支持两种方式：一是分销缴款一体化模式，二是分销缴款分段模式。

在分销缴款一体化模式下，分销资金将汇入承销款汇集专户，并冻结至缴款日将资金汇出，由此将分销 DVP 和缴款自动化相连接。具体而言，在分销环节的 DVP 结算方式不变，但分销认购资金汇入在中央结算公司开立的承销款汇集专户，承销商不能支配、动用。在缴款环节，中央结算公司根据各承销商应缴款总额向承销款汇集专户发起扣款，实时汇入发行人资金账户，并在缴款日终办理债权确认。对于资金不足额的，将按发行人相关要求进行债权确认操作。

在分销缴款分段模式下，分销资金不冻结，分销 DVP 和缴款自动化将分段实现。具体来看，在该模式下分销环节不变。其中，在缴款环节，缴款资金将从承销商原有资金账户汇入发行人资金账户，如果承销商为大额支付系统直接参与者，则中央结算公司直接从其在大额支付系统中开立的清算账户扣款，否则从其在中央结算公司开立的资金结算专户扣款。债权确认方式同上。

两种方式均需承销商积极配合，确保认购人及时将资金汇入账户。区别在于，分销缴款一体化模式可最大限度地实现发行人、承销商和认购人三方权利和义务的平衡对等。分段模式可改进承销商线下缴款、发行人分散收款的现状，但认购人的资金仍存在被承销商挪用的风险，建议首选一体化模式。

中央结算公司目前支持的发行缴款自动化方案已达到世界领先水平，既支持一体化模式，也支持分段模式。考虑到国内资金系统暂不支持现金备忘录账户模式，国内一体化模式与国外一体化模式的实现方式存在一些区别。

四、推动债券发行 DVP 发展的建议

（一）推动政策允许缴款自动化落地运行

在债券发行阶段全面实行全额、逐笔、实时的结算机制，可实现发行人、承销商、认购人三方权责利对等；确保发行人及时足额收到债券发行款，主承销商和认购人债权可以及时确认，从而有效维护交易公

平、提高发行缴款效率、全面降低结算风险。目前，国际上也在积极推广发行 DVP，国内发行缴款自动化系统建设已完成，相关业务指引也已制定发布，若能成功实践，可在此领域达到世界领先水平。建议待政策允许后，选取有意向的发行人先行试点，待试点成功后向市场机构广泛推介。

（二）探索在区块链上实现发行 DVP

中央结算公司作为国家重要金融基础设施，高度重视金融科技创新。2022 年初，中央结算公司申报的区块链数字债券发行项目成功入围国家创新应用试点，项目一期将区块链技术成功应用于债券簿记建档发行，后续还将探索区块链支持债券全生命周期服务，发行 DVP 也是重要的探索方向之一。未来，可基于项目一期所打造的区块链平台，复制现有发行 DVP 系统功能，开发原型系统开展模拟实验，探索在区块链上同步实现发行阶段的资金交收与债权确认。

专题三：探索简洁高效的债券税收服务模式

税收代表一国主权，是国家实施宏观调控的重要杠杆之一，对于资本市场而言，税收政策可直接影响资金偏好，引起价格变动。中国债券市场体量位居世界第二，是国家税收的重要来源。近年来债券投资主体不断向国际投资者和个人投资者扩容，构建简洁高效的债券税收服务模式，是保障国家税收的重要举措，也是推动债市高质量发展的必然要求。当前，应探索进一步释放市场活力，促进税收体系的创新发展。

一、债券税收服务的主体和内容

（一）债券税收的主体

债券税收涉及税务机关、投资人、发行人、中央托管机构、商业中介等主体。税务机关是国家税收权力机关，投资人是纳税主体。针对特定的纳税主体，需要发行人、中央托管机构或商业中介作为扣缴义务人，承担代扣代缴税款义务，便利征税流程。

其一，投资人是境内企业的，一般采用汇算清缴的征收方式，将债券相关应税收入并入其当期收入全额汇总计算应纳税所得额，由企业向税务机关自主申报，税务机关直接扣缴。

其二，投资人是境内个人投资者的，因个人投资者众多，一般通过扣缴义务人代扣代缴。目前，交易所市场个人持有债券的，由证券公司或债券发行人作为扣缴义务人[1]。银行间市场仅柜台债券涉及个人投资者，由柜台开办机构作为扣缴义务人。

其三，投资人为境外主体的，考虑跨境税收的操作难度，国际上通行做法采用预提税（Withholding Tax）原则，即设置扣缴义务人对境外投资者应纳税额进行代扣代缴，境外投资者直接获得扣税后的净利息。国外一般由中央托管机构担任扣缴义务人，我国由债券发行人担任扣缴义务人。

简洁高效的税收体系应当充分发挥扣缴义务人的作用，即针对境外投资主体和境内个人投资者，选择能够发挥规模效应，便利税源管理的扣缴义务人，降低整体税收成本。

（二）债券税收的种类

我国债券投资涉及的税种主要包括增值税和所得税。增值税的应税范围包括投资债券取得的利息收入和转让债券取得的增加收入（即基于价差收益的资本利得）。所得税包括企业所得税和个人所得税，应税范围同增值税。

（三）扣缴义务人的税收服务

扣缴义务人的税收服务主要体现在代扣、代缴、代报三个方面。代扣，指扣缴义务人计算应纳税额并向纳税主体支付税后所得。代缴，指扣缴义务人将代扣税额缴纳给税务机关。代报，指扣缴义务人代投资者向税务机关提供税收相关文件。

二、境内外债券税收服务对比分析

（一）境外成熟债券市场的税收服务

从国际经验看，针对境外投资者的税收多由中央证券托管机构

---

① 交易所市场个人持有企业债的，由证券公司在债券付息时代扣代缴个人所得税；持有其他类型债券的，包括公司债、可转债、分离交易可转债、中小企业私募债等，由发行人在债券付息时代扣代缴个人所得税。

（CSD）作为扣缴义务人提供税收服务，该项业务已经发展成为一项长期且成熟的服务。

1. 美国市场

美国针对债券投资主要征收利息所得税和资本利得税，由美国证券存托与清算公司（DTCC）对境外投资者提供税收代扣和代报服务。DTCC 的子公司——美国存管信托公司（DTC）将涉及扣税的证券信息通知持有该证券的市场成员，并告知市场成员“申请窗口”（Election Window）[①] 开放时间。在开放期间，市场成员必须向 DTC 发送预扣税指令。DTC 根据市场成员提交的扣税指令扣除税金后，向市场成员支付剩余股息、利息或其他收益。DTC 会在规定时间内向美国国税局（IRS）提供预提税信息。对于境外投资者而言，向 DTC 发送预扣税指令是享受税收减免优惠的前提，如不发送指令，则按照原有税率计算扣除税金，报送指令后按照优惠税率计算，在首次支付时未享受税收减免的可后续申请退税。

2. 欧洲市场

明讯银行（Clearstream）作为国际证券托管机构，主要为国际投资者提供税收代报服务，根据特定司法辖区要求提供代扣代缴服务。根据德国税法，投资者的投资收入需缴纳统一税。证券账户开立时，投资者需向明讯银行提供税收证明表格（CRS），由明讯银行代为向税务机关申报财务信息；发生债券过户时，明讯银行须向税务机关提供与税收相关的信息，必要时提供持有人名册；在退税环节，明讯银行通过平台（ProActTax）为客户生成退税表格和证明，客户填报后由明讯银行统一提交税务机关。明讯银行针对美国投资人提供税收代扣代缴服务，根据美国《外国账户税收合规法案》（*FATCA*），明讯银行

① DTC 将公司行为涉及选择事项的通知叫做“申请窗口”（Election Window），如税收申报、选择是否行权等。

要向美国国税局提供投资于美国境外账户的美国投资人信息并履行预扣税代理人职责。

欧清银行（Euroclear）作为国际证券托管机构，为国际投资者提供税收代报、代扣、代缴服务。欧清银行在支付日向清算会员支付扣除税款后的净额，清算会员再向持有人拨付。存在税收优惠情形的，支付日后持有人通过清算会员向欧清提交税收优惠信息及证明文件，欧清银行计算退税金额。欧清银行将持有人税收优惠信息及应退税金额发送给税收主管机关（或发送给当地 CSD，再由当地 CSD 发送给税收主管机关），税收主管机关将退税款项支付给欧清银行（或通过当地 CSD 支付给欧清银行），欧清银行向清算会员支付退税款项，清算会员再向持有人拨付。

俄罗斯国家证券托管机构（NSD）提供税收代扣代缴服务。根据俄罗斯税法，NSD 是税收预提机构，负责计算、预提并将税收支付给俄罗斯税务机关，将税后款项支付给投资者。外国法人投资者如果是直接开户进入俄罗斯证券市场，需要按时向 NSD 提供税收证明文件。如果外国投资者是通过多级名义持有人账户进入俄罗斯证券市场，上一级名义持有人需根据其下一级名义持有人披露的证券实际持有人信息继续向上一级披露直至 NSD。

3. 亚洲市场

日本证券托管中心（JASDEC）为除国债以外的债券和股票提供针对境外投资者的代扣代缴服务。在此之前，日本公司债券由商业银行托管，由发行人履行税收代扣代缴职责，因日本实行多级托管体系，中介层级复杂，税收信息报送流程复杂，发行人没有能力和动力严格履行税收职责，导致当时出现境外投资者持有日本公司债券税收征缴面临困境的问题。其后，日本公司债券由 JASDEC 进行托管，JASDEC 计算并扣除税金后将税后利息拨付给下级托管行，层层拨付至境外投资者，由 JASDEC 定期向税务机关交付代扣税金，使日本公司债券的税收难题得以解决。

韩国投资证券需要缴纳所得税和证券交易税。针对境外非居民企业，在韩国境内无营业场所且无来源于韩国境内不动产所得的，由韩国中央托管机构（KSD）实施源泉代扣代缴，扣缴税款在扣缴次月第10天前上缴政府，扣缴义务人未按时扣缴税款，需按扣缴税额的10%处以罚款。

（二）境内债券市场税收服务现状分析

与国际通行做法相比，我国债券税收领域尚未规定中央托管机构的扣缴义务人地位，导致其在债券税收中的作用未被充分发挥，针对境外投资者和个人投资者的税收效率有待提高。

1. 境外投资者税收征缴存在困难

2018年至2025年是境外投资者债券投资的免税期[①]，在免税政策出台前，境外机构投资者利息所得税面临无法缴纳的窘境。原因在于，现行税法规定债券发行人是境外投资者税收的扣缴义务人[②]，但发行人不能及时履行相关义务。首先，发行人客观上不掌握二级市场交易流通后的实际持有名单和利息收入明细及其税收申报相关信息，需要向中央托管机构申请获取持有人明细，税收环节冗长。其次，发行人需自行计算相关税费，进一步增加了代扣代缴的难度。最后，发行人区位分散，税务机关难以进行统一的税源管理，发行人作为企业主体，其自身也没有动力严格完成税收代扣代缴工作。以上三方面因素导致债券发行人几乎从未履行境外机构投资者利息所得税代扣代缴义务。中央托管机构天

---

① 根据《财政部、税务总局关于境外机构投资境内债券市场企业所得税增值税政策的通知》，自2018年11月7日起至2021年11月6日止，境外机构投资境内债券市场取得的债券利息收入免征企业所得税和增值税。根据《财政部、税务总局关于延续境外机构投资境内债券市场企业所得税、增值税政策的公告》，免税政策自2021年11月7日起延续至2025年12月31日止。

② 根据国家税务总局《关于非居民企业所得税源泉扣缴有关问题的公告》，企业所得税法实施条例第一百零四条规定的支付人自行委托代理人或指定其他第三方代为支付相关款项，仍由委托人、指定人承担扣缴义务。

然掌握境外投资者的利息收入，也具备相关计算能力，其市场优势得不到有效发挥。

2. 免税政策期间缺少对境外投资者申报义务的规定

我国对于境外投资者投资债券的免税政策是无条件免税，境外投资者无须履行任何义务即可享受免税。国际成熟债券市场一般采用申报才享受减免的做法，即境外投资者需要按时履行税收申报义务，方能获得免税或减税优惠；未申报者由中央托管机构按原有税率代扣代缴，向境外投资者支付税后利息，在境外投资者发起退税申请后再将税金予以返还。这种做法可以有效维护国家的税收主权，便于国家及时掌握境外投资者的持有情况，维护金融安全，值得学习和借鉴。

3. 柜台市场债券税收有较大的优化空间

银行间债券市场主要为机构投资者，相关税收由企业自主申报，仅柜台市场涉及个人投资者。同时，柜台市场的主要债券品种，即国债和地方债，免征增值税和所得税，对于个人转让债券所得也免征增值税。公司信用类债券等债券品种需要缴纳利息增值税和所得税。现行税法规定兑付机构为个人所得税扣缴义务人①，兑付机构为“支付所得的单位或个人”，未明确兑付机构的具体身份。从柜台市场的付息兑付资金拨付职责来看，兑付机构可包括三类：中央托管机构、商业中介（如证券公司）和债券发行人，主要由中介机构作为柜台开办机构，代个人投资者进行代扣代缴，中央托管机构并未发挥作用。未来，柜台市场不断发展，个人投资者将不断扩容，其他债券品种也有可能进行柜台发行，税收规模将不断扩大，尽早发挥中央托管机构的优势，可助力提高税收服务的整体水平。

---

① 即《国家税务总局关于加强企业债券利息个人所得税代扣代缴工作的通知》规定：“企业债券利息个人所得税统一由各兑付机构在向持有债券的个人兑付利息时负责代扣代缴，就地入库。”

三、中央托管机构提供税收服务的优势

（一）维护税收法定的规范优势

税收体现一国主权，具有法定性和严肃性。针对境外投资者的免税政策到期后，允许境内托管结算机构实施代扣代缴服务，可免去发行人向中央托管结算机构申请获取持有人明细数据的环节，简化征管流程；可直接通过系统集成化操作，免去发行人自行结算税费的环节，极大提高准确性；同时，中央托管结算机构履行国有企业职责，可严格落实税收征管规定。因此，允许境内托管结算机构实施代扣代缴服务，是维护税收法定、未雨绸缪保护国家财政权益、切实提高税收征管水平的现实选择。

（二）发挥规模经济的效率优势

税收代扣代缴服务是托管结算机构传统付息兑付服务基础上的自然延伸。中央托管结算机构受发行人委托提供付息兑付服务，天然掌握债券持有人利息收入明细，可在现有系统计算各投资者应收利息金额并完成资金拨付的基础上，同时计算投资者利息所得税并在付息日向其支付税后利息，在原有的付息兑付环节就可同时实现一体化税收征缴，便于统一监管，可以以最低成本、最高效率完成税收工作，是实现规模经济的最佳选择。

（三）提高债市吸引力的开放优势

允许境内托管结算机构实施代扣代缴服务可为境外投资者提供稳定预期，提高中国债市吸引力。投资目的地的税收政策是境外投资者投资海外资本市场的重要考量因素，近年来，随着免税政策接近尾声，未来税收政策存在不确定性。在免税政策窗口期，借鉴境外市场由托管结算机构提供税收服务的经验，为境外投资者提供稳定的税收政策预期和高

效、便捷的税收征管服务是推动中国债市高质量开放的重要举措。

（四）维护金融主权的安全优势

当前及未来一段时期，国际环境复杂多变，金融领域的国家安全问题尤为重要。随着我国债券市场开放不断深化，必须从防范系统性风险和维护国家金融安全的角度，发挥国家重要金融基础设施的风险闸口作用，通过由其提供代扣代缴服务，掌握必要的税收证明文件，及时把握境外投资人持有我国债券的规模、结构、变动情况等。这样既能够协助管理部门开展跨境国债存续期管理，也能够为管理部门进行贯通性、全局性的综合监管提供有力支持，并基于此提前做好相关预案。这是未雨绸缪做好国家金融安全领域布局、保障国家财政权益的迫切需要。

四、对于债券税收服务的建议

中央托管机构作为债券市场付息兑付机构对于投资债券的利息收入，天然掌握明细数据，可在付息兑付环节一并完成税收扣划。建议中央托管机构为境外投资者、个人投资者投资债券形成的利息收入缴纳增值税和所得税提供税收服务。

（一）免税期间的税收服务建议

境外投资者免税期间，为维护国家税收严肃性，建议参考美国预扣税指令政策，严格落实境外投资者的税收申报义务，提交免税申报的才予以免税优惠，不予申报的按照免税前税率代扣代缴。

具体而言，境外投资者通过全球通渠道入市投资的，中央托管机构掌握持有明细，为便利境外投资者，可由中央托管机构直接履行代报职能，将信息定期报送给税务机关，并将免税金额及情况定期推送给境外投资者，充分发挥免税政策的政策效果。境外投资者通过“香港债券通”渠道入市投资的，因多级托管的制度安排导致债券账户层层嵌套，中央托管机构不掌握债券持有明细，需境外投资者通过托管行向中央托管机构进行免税申报，提交相关税收证明文件。不履行报送义务的，由中央托管机构按照免税前税率计算并代扣税金，向境外投资者支付税后利息，按期向税务机关缴纳税款，境外投资者申请退税的，由中央托管机构提供退税服务。这一方面可以彰显国家的税收主权，维护税收严肃性，另一方面也有利于国家掌握境外投资者持有明细，贯彻落实穿透监管。

（二）非免税期间的税收服务建议

非免税期间由中央托管机构提供税收服务，主要有以下几种方案，建议采用代扣代缴模式。

1. 代扣代缴模式

代扣代缴模式是最优方案，由中央托管机构作为扣缴义务人，对于境外投资者，履行利息所得税和增值税代扣和上缴至税务机关职责，同时可提供补税、退税服务。对于柜台市场，建议柜台开办机构与中央结算公司合作，中央结算公司根据柜台开办机构提供的个人投资者持仓明细和身份信息，计算应缴金额，将税后资金划付至柜台开办机构，由其拨付给个人投资者，中央结算公司按要求向税务机关报送扣缴个人所得税申报表。代扣代缴模式可使中央托管机构充分发挥作用，减轻发行人和柜台开办机构负担；税务机关通过直接管理中央托管机构实现税收征管，最具效率优势和监管优势。需要政策明确中央托管机构的扣缴义务人身份。

2. 代扣返还模式

由中央托管机构接受发行人委托，在付息兑付时代扣境外投资者利息所得税，将税后利息拨付至境外投资者，同时将代扣的企业所得税返还给发行人，由发行人向其主管税务机关缴纳税款。该种模式不改变发行人作为扣缴义务人的法定身份。但由于发行人分散于全国各地，对其是否最终履行税收代扣代缴义务，税务机关缺少统一的监管抓手。

3. 代报代算服务

由中央托管机构接受发行人委托，在付息兑付时协助计算应纳税额，发行人据此履行代扣代缴职能。境外投资者的税务申报信息由中央托管机构代发行人收集归纳，代发行人向税务机关报送。该模式下，中央托管机构为发行人提供辅助服务，在一定程度上可减轻发行人负担，便利税收征缴，但无法从根本上解决发行人缺乏履职动力的问题。

专题四：推动债券市场信息披露标准化

“十四五”规划提出，要加快数字化发展。目前，我国债券市场整体数字化水平较高，但信息披露业务的数字化有较大提升空间，且相关制度有待完善。信息披露的标准化建设，有助于进一步提升债券市场的数字化水平，推动统一发展和互联互通。

一、信息披露标准化的重要意义

（一）提升债券市场的数字化程度

债券市场信息披露文件以 PDF 格式为主，实现了电子化，但是尚未实现标准化、数字化，难以利用智能手段进行大数据加工分析，也无法高效开展数据交互和共享。标准化是数字化的基础。要促进债券市场信息披露的数据化转型，首先要开展标准化建设。

（二）促进债券市场互联互通

我国部分债券品种在发行交易环节已经实现互联互通，如地方政府债、企业债等，但各市场的信息披露平台仍相互独立，跨市场、跨品种债券发行人需要在多个平台披露相同的存续期信息。建立信息披露标准化体系可提高数据交互的便捷度，促进各平台的标准统一和数据共享，加强基础设施之间的互联互通。

（三）推动债券市场的统一发展

2020 年三部门联合发布的《公司信用类债券信息披露管理办法》，

2021 年六部门联合发布的《关于推动公司信用类债券市场改革开放高质量发展的指导意见》，多次提出要统一信息披露规则，提升信息披露有效性，从顶层设计上提出了信息披露统一的要求。具体到操作层面，需要监管部门、自律组织、信息披露平台合力推动标准统一，促进市场的统一发展。

（四）减轻发债主体的信息披露负担

因各信息披露平台相互独立，且具体要求和标准不统一，发行人需要向多个平台，按不同要求、不同标准、不同格式编辑上传内容基本相同的信息披露文件，简单重复性工作较多，信息披露的负担较重。债券市场信息披露的标准统一和数据共享，可通过信息披露平台的互联互通，为发行人和主承销商减负。

（五）提升债券市场的国际化程度

国际成熟资本市场都已经建成了较为完善的标准化信息披露系统、原生数据库以及数据共享机制，实现了国家范围内或者区域联盟内信息披露的互联互通。为提升我国债券市场的国际化程度，我国应加快推动信息采集、存储、交互环节的标准化升级和数据共享，夯实跨境互联的基础。

二、债券市场信息披露的现状

（一）披露文件以非标准化格式为主

从信息披露的形式上看，目前多数文件以 PDF 形式为主，涉及签章页的，以纸质签章页的扫描件为主。从信息披露的内容上看，存在大量的文字描述内容，标准化程度较低。从数字化程度看，除财务信息外，其他信息的数字化较低。

（二）存在多个相互独立的披露平台

在不同主管部门的主导下，我国债券市场形成了多个信息披露平台，且平台之间相互独立。以公司信用类债券为例，交易所的公司债券，在哪个交易所发行，则在哪个交易所进行信息披露；银行间市场的债务融资工具，同时在交易商协会、全国同业拆借中心和上海清算所进行信息披露；企业债券需同时在中央结算公司、全国同业拆借中心和交易所披露。

（三）各平台的具体要求和标准不同

各个平台对信息披露的具体要求也不相同。公司债券方面，沪深两所的要求不同。企业债券方面，银行间市场和交易所市场的要求不同，沪深两所对企业债券的监管参照其管理的公司债券，要求也不同，仅对企业债券就有三套标准。债务融资工具方面，虽然都是公司信用类债券，但和公司债券、企业债券又不同。

（四）部分发行人需要在多平台同时披露

从公司信用类债券看，公司债券、企业债券、债务融资工具三个性质相同的债券，发行人重叠度较高，多品种或者跨市场发行人需要同时在中央结算公司、同业拆借中心、交易商协会、上海清算所、上交所或者深交所等多个平台披露信息。从金融债券看，发行人可能同时需要在中央结算公司、上海清算所、全国同业拆借中心披露信息。部分金融债券的发行人可能同时还在交易所发行了可转债，这些发行人还需要在相应的交易所披露信息。

（五）部分信息披露平台初步形成统一共识

为推动信息披露的标准统一和数据共享，2021 年至 2022 年，中央结算公司先后研究了企业债券和金融债券存续期信息披露数字化方案，2022 年至 2023 年先后开展了企业债券和金融债券存续期信息披露 XBRL 系统的技术开发，相关工作得到了市场机构的支持。研发过程中，市场机构希望各信息平台能早日实现标准统一和数据共享，切实为企业和主承减负。在存续期基础上，2022 年中央结算公司开始探索研发企业债券募集说明书的数字化方案。

三、信息披露标准化存在的问题

（一）信息披露的标准化程度有待提升

一是PDF格式文件中的信息是主承销商按照自己的编辑习惯撰写，除财务数据外，存在大量文字描述的内容。二是有个别信息披露平台制定了存续期标准化的填报模板，但标准化不够彻底，在法律认定上，仍坚持要求扫描纸质签章页。三是现有的个别标准化实践案例都集中在存续期信息披露上，募集文件的标准化尚无实践案例。

（二）信息披露的数据标准有待统一

我国在同一套会计准则和法律制度下实现可扩展商业报告语言（XBRL）标准化过程中形成了不同的分类标准。上交所上市公司和发债企业使用上交所标准，深交所上市公司使用深交所标准，国资委监管的中央企业采用财政部标准。因标准不同，数据交互和共享需要额外开发映射软件来实现，增加了数据共享的成本。

（三）信息披露平台之间有待互联互通

市场基础不同、监管要求不同、标准化进程不统一等多种原因，导致债券市场各信息披露平台独立运行，相互之间未建立充分的共享机制，主要表现在两方面：一是同类债券缺乏统一的信息披露入口，跨市场发行的企业债券，主承销商需要为同一只债在多个入口上传文件。二是同一个发行人的定期报告需要在多个平台分别上传，经过多个平台的审核，导致在年报和半年报的披露高峰，所有信息披露平台都需加班加点审核。

（四）主承销商和发行人的重复性工作较多

各平台标准不同且相互独立，导致发行人和主承销商的重复性较多，主要体现在三个方面：一是跨市场发行人在不同平台披露要求不同的定期报告，每一份都需要走内部盖章流程。二是跨市场发行人需要同时在多家平台披露信息，这就要求主承销商需要在多个系统、按不同要求上传内容基本相同的文件。三是按债项披露信息的制度安排，若发行人同时有多只债存续，主承销商就需要向一家平台重复上传发行人的同一份信息文件。

（五）主承销商承担信息披露的主要责任

我国多数信息披露系统仅向主承销商开放，有个别信息披露平台同时向主承销商和发行人开放，但一般情况下，信息披露文件的编制、审核和上传都是主承销商操作，主承销商成为了实质上的信息披露第一责任人。

（六）信息披露的监管制度有待完善

我国信息披露的规章制度中，有的仍要求报送纸质盖章文件，即使是要求报送 PDF 文件，法律效应的认定也依赖企业法人签章。虽然是电子化的 PDF 文件，但制作过程离不开纸质打印、实物签章和扫描。若要彻底实现信息披露的无纸化和数字化，需要相应监管制度的配合推动。

四、推动信息披露标准化的政策建议

（一）以全面数字化为导向推进标准建设

一是支持信息披露平台探索在局部环节开展信息披露的标准化建设工作，在条件成熟时鼓励申请行业标准，促进标准统一。二是在标准化基础上，逐步将财务数据以外的文字信息转化为数字化信息。三是根据数字化要求，优化监管制度，从制度规范上认可电子签章或者其他身份证书的法律效应，取消与数字化不匹配的纸质签章要求。四是以全面数字化为导向，有序推动定期报告、募集说明书和临时报告等所有信息披露文件的标准化建设。五是探索利用区块链、人工智能等金融科技加快数字化发展。

（二）在促进统一发展下形成共识和合力

信息披露标准统一是债券市场统一发展的主要内容之一，需要多方合作，相互配合。一是监管部门之间形成共识，自上而下加快推动。根据数字化要求优化业务制度规范，为市场创新提供制度支持。探索建立同类债券的统一信息披露入口。二是金融基础设施之间要形成合力，合作研究能够同时满足各方管理要求的信息披露文件模板、要素项设计和数据标准，在系统开发过程中，考虑数据共享的兼容性需求。三是市场机构要积极配合，发挥一线实践经验，为标准统一建言献策，配合新系统的测试和上线工作。

（三）分步推动标准统一和数据共享

建议以“一次编辑、一次上传、多方共享、多平台披露”为最终目标，分券种分步推进债券信息披露的标准化和数据共享。具体路径上，先实现同券种的标准统一，再实现跨券种的标准统一。首先，推动企业债券在不同市场的标准统一和数据共享。其次，推动实现企业债券和公司债券的标准统一。最后，推动实现所有公司信用类债券的标准统一。

（四）建立标准长期统一的协调机制

标准需要多方协同制定和长期维护。受政策变动、市场变化等因素影响，规范文本和格式要求需要经常更新。有一方变化，其他方就需要评估是否需要同步变化。为保证信息披露标准的长期统一，可考虑成立信息披露工作组，推动实现信息披露标准统一和数据共享的目标。随着条件成熟，推动成立债券信息披露标准委员会，所有平台共同参与，制定信息披露的行业标准，共商标准应用和更新事宜，确保标准的同步更新和长期统一。

（五）推动建立共享的信息披露系统

建议积极推动相关监管部门统筹跨券种的共享信息披露机制。所有债券发行人在一个信息披露系统上报送标准化的信息披露文件，系统根据发行人的发债类型和跨市场情况，自动将文件推送给其他相应的信息披露平台。

（六）为发行人自主披露信息提供便利

为便利发行人深度参与信息披露活动，降低信息披露平台对纸质盖章页的依赖程度，建议共享信息披露系统可同时对发行人和主承开放，借鉴股票市场做法，支持有能力有意愿的发行人自主上传信息文件，以电子签章或者其他身份证书代替纸质盖章扫描等繁琐流程。同时，主承销商可查阅发行人上传的文件，对文件内容和上传时效进行督导。

（七）分类解决存量文件的数字化问题

存量数据分为两类：一类是跨市场或者跨品种发行人数据，另一类是单市场或者单品种发行人数据。第一类数据，若有信息披露平台已经将 PDF 文件进行数字化处理，形成相应的数据库，则可将数据共享给其他信息披露平台。第二类数据，可考虑采“OCR + 人工”的方式将 PDF 文件内容进行数字化处理。

专题五：构建绿色债券环境效益信息披露指标体系

环境效益信息披露是绿色债券市场高质量发展的关键。中央结算公司经过多年研究，在国际上推出首个绿色债券环境效益信息披露指标体系，并上线首个绿色债券环境效益信息披露数据库，受到国内外广泛关注和认可。该企业标准已正式发布，为绿色债券环境效益的可计量、可检验奠定了基础，便利发行人披露和投资者应用。为进一步提升绿色债券市场环境效益信息披露透明度，建议充分发挥中债绿色指标体系的广泛适用性，设计绿色债券环境效益信息披露模板和信息披露完整度评价机制。

一、构建绿色债券环境效益信息披露指标体系的必要性

中国绿色债券市场自2016年起步，经历了跨越式发展，累计发行量已跻身世界前列。绿色债券区别于一般债券的核心特征在于其募集资金用途的绿色属性，而绿色属性识别的关键依据是债券的环境效益信息披露。然而，囿于绿色债券环境效益信息披露统一规则及行业标准规范的缺失，绿色债券市场出现了环境效益信息披露程度参差不齐、缺乏可比性的问题。因此，亟须建立科学、标准化的环境效益信息披露指标体系，以高质量信息披露推动我国绿色债券市场健康发展。

第一，构建绿色债券环境效益信息披露指标体系，是对党的二十大精神的有力践行。习近平总书记在党的二十大报告中强调，加快发

展方式绿色转型，深入推进环境污染防治，提升生态系统多样性、稳定性、持续性，积极稳妥推进碳达峰碳中和。构建绿色债券环境效益信息披露指标体系，正是对绿色发展精神的有力践行。统一、科学、标准化的环境效益信息披露指标体系，不仅能够提高信息披露的透明度，使更多资金投向环境效益更为显著的项目，而且能够帮助监管机构提供权威、准确的基础数据支持服务，提高政府支持政策的精准度，扩大覆盖范围，推动经济社会发展绿色化和低碳化，推进“双碳”目标顺利实现。

第二，在以信息披露为核心的注册制改革背景下，提高环境效益信息披露已成为推动我国绿色债券市场发展的关键环节。近年来，生态环境部、国家发展改革委、财政部、中国人民银行等主管部门陆续出台政策，明确信息披露对绿色发展的关键作用。然而，目前我国绿色债券环境效益信息披露尚缺少统一的信息披露标准和渠道，亟须通过标准的信息披露指标体系、集中的信息展示平台来加强绿色债券环境信息披露。

第三，国际市场高度关注中国绿色债券市场，进一步强化绿色债券环境效益信息披露已成为提升中国绿色债券市场国际认可度的重要抓手。在我国绿色债券市场规模快速增长的同时，国际对国内绿色债券市场提出“洗绿”“漂绿”的质疑。环境效益信息是衡量债券绿色程度的重要方面，为进一步提升我国绿色债券市场的国际认可度，亟须构建规范化的信息披露指标体系和集中的数据披露平台，推进我国绿色债券环境效益信息有效披露。

二、绿色债券环境效益信息披露指标体系建设的探索实践

（一）以“五个原则”为引领，构建中债绿色指标体系

2018 年，受中国金融学会绿色金融专业委员会（绿金委）委托，

中央结算公司与专业环境机构联合开展《绿色债券环境效益信息披露制度及指标体系研究》。基于3年的实践积淀，中央结算公司研究构建了中债绿色指标体系。2021年，中央结算公司基于最新版的《绿色债券支持项目目录（2021年版）》，充分研究不同行业绿色项目的环境影响，深入分析千余只投向绿债券实际披露的环境效益信息，为“203+2”个（“2”为客运铁路和综合管廊）行业设计了环境效益信息披露指标体系，包含43个定量指标和1个定性指标，实现了环境效益的可计量、可检验。

中央结算公司在大量数据采集实践的基础上，持续优化指标体系，综合吸收国内外信息披露要求与具体经验，推动环境效益指标标准的融合统一。中央结算公司总结了绿色债券环境效益指标体系的设计原则，保证了指标的规范性、兼容性、简洁性、完整性和重点性。

一是坚持规范性原则。结合行业发展规律、重大政策规划、最新业务实践，根据不同行业的实际环境效益特征，在指标设计上坚持定量与定性相结合、以定量指标为主。

二是坚持兼容性原则。指标体系设计与国内外环境效益信息披露指标保持兼容性，并借鉴国内外已有实践，实现环境效益信息披露标准的融合统一。

三是坚持简洁性原则。指标体系区分必填指标和选填指标，一般必填指标不超过5个，选填指标不超过10个，力求能够最大限度体现绿色债券支持的每一类绿色项目最关键的环境效益，既不增加披露负担，又实现对绿色债券环境效益信息的穿透，降低信息披露的难度。

四是坚持完整性原则。指标体系设计以全面反映绿色项目环境效益信息为目标，综合考虑了不同绿色项目在节能、减排、降污和生物多样性等方面的环境效益贡献。

五是坚持重点性原则。指标体系设计充分考虑业务实践，以实现重点突出。例如，在污染防治相关指标设计中，按照大气污染、水污染、固体污染等逻辑顺序进行分类，以体现针对性、突出信息披露的重点。

（二）以实践为出发点，推动绿色指标体系的标准化

中央结算公司绿色债券指标体系的建设从实践中总结，又在实践中检验。绿色债券指标体系设计来源于各个行业的实际环境影响及具体业务实践，秉承定量指标为主、简洁易用的设计原则，充分考虑发行人和投资者的实际需求，是科学、规范的环境效益信息披露指标体系。这是我国市场上首个系统应用于绿色债券环境效益信息披露的指标体系，居国际前沿水平。中央结算公司已正式公开发布该企业标准①，为发行人完善信息披露提供了参考依据。

为推动绿色债券指标体系在绿色金融领域的广泛应用，提高环境效益信息披露质量，中央结算公司积极推进绿色指标体系成为行业标准。2021 年，中央结算公司向全国金融标准化技术委员会申报中债绿色指标体系成为金融行业标准，并正式立项，被纳入中国人民银行 2022 年绿色金融标准重点推进清单，相关研究成果获主管部门、行业协会、研究机构、市场机构的一致认可。

积极探索推动中债绿色指标体系成为地方标准。2021 年 5 月以来，在深圳市地方金融监督管理局的指导下，中央结算公司与深圳市绿色金融协会等机构通力合作，配合起草《深圳市金融机构环境效益信息披露指引》，并制定深圳市金融机构投融资环境效益信息披露指标要求，其中的环境信息指标主要源于中债绿色债券指标体系。上述指标要求已正式立项为深圳地方标准项目，并将以地方标准形式发布。

建立全面、客观、可量化的绿色债券环境效益信息披露标准，有助于绿色债券市场实现高质量发展。对于发行人而言，这有助于提升其信息披露透明度，接受市场监督，防止“漂绿”等行为；对于投资者而言，这有助于其降低甄别成本，快速找到符合自身投资理念的绿色标

① 中央结算公司发布《中债绿色债券环境效益信息披露指标体系》企业标准。

的，促使资金能更多投向环境效益更加显著的项目；对于政府部门和监管机构而言，这有助于更好地识别绿色债券，提高政府支持政策的精准度，拓宽覆盖范围，更好地评估政策效果。

（三）以数字化为方向，构建绿色债券数据库

中央结算公司在绿色债券指标体系的基础上，成功将研究成果落地应用。根据公开披露的信息，分析市场上存续的全部投向绿债券和贴标绿债券，采集、整理绿色项目信息及环境效益信息披露数据。基于这些环境效益数据，中央结算公司打造了全国首个集中展示绿色债券环境效益信息数据的中债—绿色债券环境效益信息数据库（以下简称绿色债券数据库），系统展示绿色债券募集资金对环境的综合贡献，为市场参与各方提供量化的环境效益数据参考。基于绿色债券数据库，中央结算公司首次测算绿色债券投资项目碳减排量，填补了国内绿色债券环境效益测算的空白，为碳减排提供重要参考。

绿色债券数据库自建设和上线以来，展开多轮数据采集和清洗工作，以确保环境效益数据的真实、准确和完整。截至 2022 年底，该绿色债券数据库囊括了公司信用类债券、金融债、地方债等全品种绿色债券，入库绿色债券超过 2800 只。中央结算公司持续推进绿色债券全品种、全生命周期环境效益数据覆盖，打造自动化环境效益数据统计功能，助力绿色债券市场环境效益信息的全面刻画。用户可在绿色债券数据库中查询、下载绿色债券环境效益信息，有力提升了绿色债券环境效益信息披露的透明度。

为对绿色债券环境效益数据进行深入分析，便于为市场机构提供直观的分析视角，中央结算公司在门户网站[①]展示绿色债券信息披露优秀案例，发布绿色债券统计图表，对绿色债券流通市场分布、交易情况、绿色债券标准分类情况、绿色债券口径、绿色资金占比、各地债券碳减

---

① 中债—绿色债券环境效益信息门户（chinabond. com. cn）。

排情况进行分析，绘制直观、生动的统计图表，提升中债绿色债券环境效益信息分析的可视化水平。

三、提升环境效益信息披露的相关建议

一是充分发挥中债绿色指标体系的广泛适用性，营造以环境效益为导向的业界生态。中债绿色指标体系不仅可应用于绿色债券领域，也可应用于绿色信贷、绿色保险等资产管理领域；不仅可应用于绿色项目，也可应用于集中反映环境效益的转型项目；不仅可应用于项目，也可应用于环境、社会和公司治理（ESG）主体的投融资活动。通过中债绿色指标体系的广泛应用，从整体上提升各行业环境效益信息披露水平。建议在“双碳”目标指引下，推动我国绿色政府债券发展，探索中债绿色指标体系在绿色政府债券的应用。建议建设统一的全国绿色项目库，项目库中的所有项目按照中债绿色指标体系披露具体的环境效益指标。

二是设计绿色债券环境效益信息披露模板和信息披露完整度评价机制，推动绿色债券市场信息披露的标准化和数字化。设计绿色环境效益信息披露指引和评价机制，提升发行人环境效益信息披露的便利性和积极性。建议发行人参考中债绿色指标体系和环境效益信息披露模板进行披露，降低信息披露的难度和成本，减少信息披露工作量，解决“怎么披露”的问题；构建环境效益信息披露操作指引和评价机制，解决“如何更好披露”的问题，为管理部门完善绿色债券信息披露制度提供参考；依托绿色债券数据库，借助可扩展商业报告语言（XBRL）技术，提升绿色债券环境效益信息披露的规范化和数字化水平。

三是推动中国绿色债券相关标准成为国际标准之一。为促进绿色债券市场对外开放，建议在国际交易所应用中债绿色指标体系加强环境信

息披露，推动中国标准与国际标准的互认。吸引境外机构投资者投资境内绿色债券，对符合环境效益信息披露标准的绿色债券，允许境外投资者将其作为质押品进行回购交易。建议推动国际市场对中债绿色系列债券指数的深入应用，提升我国绿色债券的国际影响力。推动绿色债券跨境交易，对符合环境效益信息披露标准的绿色债券，建议允许其在国际证券交易所进行境外交易，在中央结算公司办理结算。

专题六：推动资产支持证券底层资产信息穿透披露

近年来，我国资产证券化市场蓬勃发展，已成为仅次于美国的全球第二大资产证券化市场，以及亚洲最大的资产证券化市场。但与国际成熟市场相比，目前我国资产支持证券（ABS）缺少信息披露的关键性制度安排，虽然已实现基础资产的穿透登记，但尚未实现信息穿透披露。现有的监管规则仅要求披露资产池的整体信息，未穿透至逐笔底层资产，并且标准化程度滞后，制约了市场发展的广度与深度。建议借鉴国际经验，立足国情，构建 ABS 穿透底层、兼顾透明度与隐私保护的 ABS 信息披露机制安排，加强标准化建设，推动资产证券化市场实现更安全透明、更可持续、更高质量的发展。

一、推动 ABS 穿透式标准化披露的重要意义

我国资产证券化产品包括三类：一是国家金融监督管理总局和中国人民银行的银行间债券市场的信贷资产支持证券（信贷 ABS），二是证监会监管的交易所市场的企业资产支持专项计划（企业 ABS），三是中国银行间市场交易商协会推出的非金融企业资产支持票据（ABN）。近年来，ABS 规模持续快速增长，市场进入从成长期迈向成熟期的关键阶段。在此背景下，优化信息披露机制、推动底层资产穿透披露具有重要意义。

一是助力提高服务实体经济能力。资产证券化把传统融资模式的信用融资转化为资产融资，令银行可以腾出更多信贷资源支持经济发展的

重点领域和薄弱环节。对于主体资质不高但拥有能产生较好现金流的优质资产的民营小微企业来说，资产证券化也能解决其融资难题。优化信息披露机制是市场制度建设的重要环节，有助于提高资产证券化市场透明度和标准化水平，促进市场从高速发展转向高质量发展，从而进一步提高服务实体经济的能力和水平。

二是促进流动性提升。推动 ABS 产品底层资产穿透披露，能够有效提高市场透明度，及时反映基础资产信用风险变化，推动信息对称，保护投资者权益，有助于为投资者和第三方估值机构提供充分的风险评估和决策参考，从而提升投资者交易意愿，促进流动性提升，激发市场活力。

三是助力金融风险管控。完整、及时、准确的信息披露是资本市场健康发展的必要条件，不仅可以帮助投资者识别产品风险，而且可以在此基础上形成合理的定价体系，还有助于监管机构防控系统性金融风险。ABS 的结构相对复杂，基础资产种类各异，更需要制定透明、标准化和有针对性的基础资产信息披露规则。

二、ABS 穿透式标准化披露的国际启示

（一）美国穿透式披露制度体系

美国拥有全球较成熟的资产证券化市场，其强大的生命力与规范、透明、标准化的信息披露制度体系密切相关。该制度既具备成熟完备的信息披露机制，又基本实现了穿透披露和隐私保护之间的平衡。相关制度安排和规则设计可以为我国完善 ABS 穿透式标准化披露提供参考。

一是成熟完备的穿透披露制度。美国《1933 年证券法》的立法理念以“完全信息披露”为指导，构建了美国资本市场的法律。在此基础上，美国证券交易委员会于 2004 年 12 月发布《资产支持证券注册、信息披露和报告规则》（以下简称 Reg AB），对 ABS 的信息披露要求做

出专门规定，不过仅限于资产池整体描述性信息，对基础资产级别的信息披露不作强制性要求。2008年国际金融危机之后，《多德—弗兰克法案》对《1933年证券法》进行了补充，要求ABS的产品发行人按照各部分或证券级别披露该证券的底层资产。同时，美国证监会对Reg AB进行了历时4年的3次修订，形成新版（以下简称Reg AB Ⅱ），成为迄今为止美国ABS信息披露的主要监管规则。Reg AB Ⅱ认为，金融危机发生的主要原因之一，是投资者过于依赖信用评级，而评级机构盲目乐观导致评级结果失真，故而强化了信息披露要求，并要求6类ABS实行基础资产逐笔披露，即穿透披露。

二是详尽细致的穿透披露要求。Reg AB Ⅱ明确了个人住房抵押贷款支持证券（RMBS）、商业住房抵押贷款支持证券（CMBS）、车贷ABS、汽车租赁贷款ABS、债务证券ABS、ABS再证券化等6类产品的基础资产逐笔披露要素标准。每笔资产的标准化数据点包括：第一，资产相关支付流数据点，如计划支付金额、利率计算基准等；第二，可对资产抵押品进行分析的数据点，如房地产地理位置、贷款房价比（loan to value）；第三，一段时间内资产表现的数据点，如借款人是否按期还款；第四，其他有关收入和就业信息、抵押贷款保险范围和留置权信息的关键数据点。此外，美国证券交易委员会对ABS的原始权益人、重要借款人[①]等参与机构实行分层披露制度。对于原始权益人，如果发起资产占基础资产比例在10%以上但低于20%，只需进行身份认证；如超过20%，则需披露原始权益人的组织形式、风险收益、原始债权项目描述和持有原始债权资产的时间等。对于重要借款人，需要披露两类信息：第一类是一般信息，包括名称、组织形式、借款人资产在入池资产中的集中度情况、与基础资产相关的重要条款等；第二类是财务信息，入池资产占总资产池10%及以上但低于20%的重要借款人须提供

① 重要借款人是指所代表的入池资产占资产池10%以上的单一借款人或存在关联关系的一组借款人。

部分财务信息，占比在20%及以上的重要借款人须提供财务报告。

三是标准、统一的穿透披露形式。在ABS发行阶段，美国证券交易委员会要求以标准化形式披露说明书，且以可编辑文本格式提交相关数据，披露载体主要包括募集说明书和注册表格体系。在存续期间，披露内容主要以定期报告和重大事件临时报告形式呈现，每类报告均由表格本身及一系列附件组成。对于基础资产采取逐笔披露规则的6类产品，Reg AB Ⅱ要求以统一标准化、可编辑的可扩展标记语言（XML）格式提交至EDGAR系统[①]，以方便投资者快速分析计算相关数据。

四是穿透披露与隐私保护的平衡。为了减少基础资产信息逐笔披露可能引发的个人信息重新识别风险，2014年美国证券交易委员会得到美国消费者金融保护局（CFPB）的授权，解决了信息披露与隐私保护法律冲突的问题[②]。与此同时，美国证券交易委员会在Reg AB Ⅱ的修订过程中对信息披露要求多次进行意见征集和草案修改，以达到隐私性与透明度之间的平衡。一方面，对于可能暴露借款人隐私的数据点，通过省略不必要信息、宽泛披露位置信息、以信用评分替代具体行为信息等方式进行了调整；另一方面，对数据点的调整要确保不会对信息披露透明度造成影响，能够向投资者提供尽职调查和做出正确投资决策所需的信息。美国证券交易委员会还就各数据点对ABS的潜在定价影响进行模型测算，进而判断各数据点的重要程度和调整的必要性。

（二）美国ABS信息披露现状及实践

1. 美国各类ABS的信息披露现状

美国监管部门对于资产支持证券实施差异化监管，尝试在规则的统

① EDGAR系统是美国证券交易委员会管理的电子数据收集、分析和检索系统。

② CFPB在2014年8月26日发给美国证券交易委员会的信中表示，如果证券交易委员会认定披露信息对投资者独立进行尽职调查是必要的，并且由证券交易委员会备案并披露在EDGAR，那么发行人或证券交易委员会获取或传播消费者报告（如信用评分）的任何信息将不违反《公平信用报告法案》（*FCRA*）第604（f）条。*FCRA*第604条规定，消费者报告机构仅能在有限的情形中披露个人信用报告，（f）条为情形之一，是指按法律要求取得政府机构许可或授予其他利益的相应资格的信息。

一性和灵活性之间寻求平衡，激发市场活力。

根据《1933 年证券法》的规定，机构型抵押贷款支持证券(MBS)[①] 因具有政府信用背景，被归为豁免证券，无须按照证券法及相关要求进行注册登记或履行信息披露义务；公募发行 ABS（非机构型 MBS 和狭义 ABS[②]）须按照法律法规注册登记，履行发行期和存续期的信息披露义务；私募发行 ABS 适用证监会出台的私募证券发售规则的 D 条例，以及明确私募证券出售不须履行证券法披露义务条件的 144A 规则等。

但在实际操作中，基于投资者要求和自身改革压力，房地美、房利美等政府支持机构均自愿在自身网站或通过第三方信息服务商进行信息披露，其机构型 MBS 信息披露的内容、形式、详细程度与非机构型 MBS 日益趋同。私募 ABS 提供的披露信息也接近公募 ABS 的募集说明书，市场参与机构往往以准公募 ABS 的标准对待依据 144A 规则进行转让的私募 ABS。

2. 机构型 MBS 的信息披露实践

美国联邦政府支持企业（government - sponsored enterprise）主导的 MBS 市场是美国资产证券化市场的主体。房利美、房地美（以下简称两房）作为美国两大专门从事资产证券化的政府支持企业，一直在信息披露方面处于业界领先地位。两房在 2005 年之后就开始发布每笔贷款的静态及动态信息，在 2015 年又开始发布每笔贷款的基础资产处置情况及具体信用损失信息。这些信息被广泛用于投资者的基础资产建模、估值定价、风险评估等方面，也对美国 MBS 市场实现极高流动性起到不可或缺的推动作用。

例如，房地美公司自 1999 年起提供其购买或担保的固定利率抵押

① 机构型 MBS 是指由吉利美、房利美、房地美这些有官方背景机构发行的 MBS（抵押贷款支持证券），是美国 MBS 市场的主体。

② 狭义 ABS 是指除 MBS 以外的 ABS，其基础资产主要包括汽车贷款、信用卡贷款、学生贷款等。

贷款（fixed – rate mortgages）的贷款级别信用绩效数据（loan – level credit performance data），有效提高了资产证券化市场的透明度，有助于投资者建立更准确的信用风险模型，体现了监管机构联邦住房金融局在2008 年后一直强调的"与投资者分担信用风险计划"的持续努力。

根据房地美的相关要求，贷款级别数据应签订许可协议方可进行商业分销，不过对于非商业、学术研究和其他符合条件的应用仍然免费。此外，2019 年6 月，联邦住房金融局（FHFA）宣布推出共同证券化平台（CSP），提供一套详细的包含可以反映早偿特征的贷款级别数据。CSP 进一步提高了机构 MBS 信息披露的精细化水平和数据获取的便利度，也为其他信息数据库的优化提供了基础。

3. 非机构 ABS 的信息披露实践

非机构 ABS 包括非机构 RMBS、汽车贷款 ABS、租赁 ABS 和其他消费信贷 ABS，其底层贷款分为优质大额贷款（prime jumbo）、次优（Alt – A）、B/C 次贷（B/C subprime）、不良贷款（NPL）、修复贷款（RPL）。实践中，数据公司（1010data、CoreLogic）是此类 ABS 投资者获取信息的主要渠道，其通过整合、打包、加工各类 ABS 数据，为投资者提供一站式信息服务。

三、我国 ABS 信息披露制度现状及问题

经过多年发展，我国 ABS 信息披露制度逐步建立。三类证券化产品的信息披露规则和要求各不相同，其中信贷 ABS 的信息披露机制相对更加完善。不过，三类产品均只要求披露资产池的整体信息，尚未实现穿透披露。

（一）我国 ABS 产品信息披露制度现状

1. 信贷 ABS 信息披露的法律法规

我国资产证券化业务自20 世纪90 年代起步，以银行业金融机构信

贷资产为基础，由信托公司构建特殊目的信托（SPT）并在银行间市场发行信贷ABS，由此实现了ABS需具备的“破产隔离”和“真实出售”特征，成为我国资产证券化业务的突破口。2005年，我国信贷ABS试点正式启动，监管部门发布《信贷资产证券化试点管理办法》《金融机构信贷资产证券化试点监督管理办法》《资产支持证券信息披露规则》，对信息披露做出规范。中国人民银行2007年第16号公告进一步明确了信贷ABS基础资产池的信息披露要求。

信贷ABS起步较早且是公募产品，因此信息披露规则更为完善，几乎每一大类信贷ABS产品都有相应的信息披露细则。自2015年以来，中国银行间市场交易商协会（以下简称交易商协会）先后就个人汽车贷款ABS、个人住房抵押贷款ABS、棚户区改造项目贷款ABS、个人消费贷款ABS、不良贷款ABS、微小企业贷款ABS发布信息披露指引，细化了主要大类产品的信息披露要求。

同时，为督促责任主体做好信贷ABS信息披露工作，中国银行间市场交易商协会（简称交易商协会）制定了《信贷资产证券化信息披露评价体系（试行）》，按期组织市场成员对信息披露质量进行评价，向市场公布信息披露评价结果并向监管部门报告。对于未按规定履行相应职责的信息披露主体，经调查核实后，交易商协会可视情节轻重给予有关自律处分。

2. 企业ABS信息披露法律法规

2005年8月，企业ABS试点在交易所市场启动，“中国联通CDMA网络租赁费收益计划”设立。2014年，证监会发布《证券公司及基金管理公司子公司资产证券化业务管理规定》及两份配套指引——《证券公司及基金管理公司子公司资产证券化业务信息披露指引》与《证券公司及基金管理公司子公司资产证券化业务尽职调查工作指引》。此后，沪深交易所陆续发布了其资产证券化业务指引、资产支持证券挂牌条件确认业务指引、资产支持证券存续期信用风险管理指引（试行）

和资产支持证券定期报告内容与格式指引。近年来，交易所针对政府和社会资本合作（PPP）ABS、企业应收账款ABS、融资租赁债权ABS、基础设施类ABS这4类产品发布了相应的信息披露指南。上述文件构建了企业ABS发行和存续期的信息披露制度体系。

3. ABN信息披露法律法规

2012年8月，交易商协会发布《银行间债券市场非金融企业资产支持票据指引》，正式推出资产支持票据（ABN）。2017年10月，交易商协会公布了经修订的《非金融企业资产支持票据指引》和《非金融企业资产支持票据公开发行注册文件表格体系》，对信息披露进行规范。基础资产现金流的获得取决于发起机构持续经营的，发起机构还应参照《银行间债券市场非金融企业债务融资工具信息披露规则》进行信息披露。2023年3月，交易商协会发布《银行间债券市场企业资产证券化业务规则》及《银行间债券市场企业资产证券化业务信息披露指引》，对ABN发起机构、特定目的载体或其管理机构、增信机构等关键主体建立分层信息披露安排，对发行环节和存续期间的信息披露内容提出更加具体的要求。

（二）我国ABS产品信息披露存在的问题

近年来，我国资产证券化市场制度建设取得显著成效，信息披露规则体系逐步完善，但与成熟市场相比仍存在一定的差距。

一是有待在穿透登记的基础上进一步建立穿透披露机制。根据2020年9月《中国银保监会关于银行业金融机构信贷资产证券化信息登记有关事项的通知》，银行业金融机构发行信贷ABS应在银行业信贷资产登记流转中心进行信息集中统一登记，按产品逐笔提交数据和资料，实现对基础资产的穿透登记，由此提升了底层数据的标准化水平。我国虽已实现信贷资产穿透登记，具备探索穿透披露的基础，但由于缺少关键性政策、制度的推动，尚未建立信息穿透披露机制。目前，我国各类ABS产品的信息披露规则仅要求披露资产池整体信息，未对逐笔信息披露做出要求，投资者获知基础资产的实际偿还、违约与回收情况的渠道不多，不易评估产品的实际价值。

二是信息披露体系有待健全。第一，现有相关规定的层级较低，缺乏国家层面的统一立法。第二，企业ABS的信息披露内容分散在不同的法律法规、部门规章和规范性文件中，尚未形成完整的披露体系。例如，对于存续期披露的要求相对简单，产品现金流常常存在披露不完整的情况，不利于投资者系统分析基础资产信息、预测完整现金流和及时防控风险。第三，部分信息披露要求较为笼统，难以适应市场快速发展创新的需要。

三是存在信息披露与隐私保护冲突问题。资产证券化发起机构如何在不损害金融隐私权、客户隐私与满足投资者知情权两项义务间达成平衡，是ABS信息披露的难点。在当前的ABS信息披露制度中涉及对基础资产对应债务人的信息披露要求，但没有明确对客户信息保密程度的要求，在相应信息披露时可能侵犯金融隐私权，而我国又缺乏对个人金融隐私权集中保护的专门立法，使信息披露的合规性存在不确定性。

四是信息披露格式标准化程度有待提升。在实际操作中，我国资产证券化产品各发起机构和发行人的信息披露采用的格式不尽相同，且一般为不可编辑的PDF文件，数据提取和统计的难度较大。即使采用各种识别技术，识别率仍然较低，不利于投资者快速运算和分析决策。标准化程度滞后一方面降低了投资者对产品信息的抓取和阅读效率，影响投资者价值判断速度，不利于产品的定价发行和二级市场流通；另一方面也阻碍了市场对信息披露责任主体的评价和约束，不利于市场的规范化建设。

四、推动我国 ABS 穿透式标准化披露的对策与建议

在我国资产证券化市场向纵深迈进的背景下，推动入池资产穿透披露已成为市场共识。建议借鉴国际经验，立足我国国情，尽快从制度上推动构建 ABS 穿透信息披露的相关安排，探索推动信贷 ABS 基础资产逐笔披露落地，提升 ABS 信息披露透明化、标准化水平。

（一）法律层面

一是推动构建自上而下的穿透披露的法规体系。建议在 ABS 上位法中对基础资产信息穿透式标准化披露做出统领式规定，确立穿透披露的法律基础和监管依据，提高 ABS 信息披露制度的效力层级。可探索对资产证券化进行专门立法，推动出台《资产证券化法》并在其中规定对信息穿透披露的总体要求。

二是平衡信息披露与隐私保护。通过立法规定最低披露标准[①]，即实现在适当脱敏之后，投资者能够对风险事件有基本判断，在透明度和商业隐私之间找到平衡。建议借鉴 Reg AB 条例的相关做法，减少公开披露的个人敏感性和容易被用作身份识别的信息，同时考虑部分敏感信息不在公开信息披露系统中披露，仅在由原始权益人建立的对 ABS 投资者开放的系统中披露[②]。

（二）制度层面

一是推动信息穿透披露机制的建立。我国信贷 ABS 已实现基础资产的穿透登记，只要制度允许，即可在此基础上实现信息穿透披露，逐步推动对入池资产重要信息的逐笔披露。初期可对自愿逐笔披露的发起机构给予政策优惠，比如将穿透披露的 ABS 纳入央行货币政策工

① 张泽平．资产证券化的法律制度研究［D］．上海：华东政法大学，2007.

② 贺锐骁．我国企业资产证券化信息披露制度建设的现状及完善建议［J］．金融法苑，2017（2）．

具的合格担保品池或公开市场操作可用券种，以及可享受利率优惠等。待市场接受度提高后，再就各类产品的基础资产逐笔披露出台制度规范。

二是构建完整的资产证券化信息披露体系。完善各类产品信息披露细则，对信息披露原则、主体、标准、期限、范围等进行明确，针对具体的资产证券化业务规定披露要求及原则，并不断细化完善。尤其是尽快研究出台企业 ABS 主要大类产品信息披露细则，提高市场信息披露透明度。

三是实现信息披露的标准化、透明化和规范化。针对不同产品类型分别制定统一的披露格式模板，并考虑数据的可编辑性，实现数据信息的规范化、电子化披露和机器可读；探索推动可扩展商业报告语言（XBRL）格式在 ABS 信息披露中的应用，便利投资者和第三方机构快速识别获取字段和进行运算。另外，在监督层面，强化对信息披露主体的监管评价和市场评价，进一步明确其信息披露的义务、责任，促进信息披露动力和业务能力的提升。

（三）实践层面

一是进一步发挥专业登记机构的作用，推动 ABS 基础资产信息披露的穿透性不断增强。为提升穿透监管效能，建议继续强化信贷 ABS 在银行业信贷资产登记流转中心的集中穿透登记，推动存续产品信息登记全覆盖，通过专业化平台提供关键、真实、可靠的资产信息要素，为有效穿透管理和现场检查、核对资产信息要素“账账相符”“账实相符”提供支撑。

二是在已有基础资产穿透登记的基础上，先行探索推动信贷 ABS 穿透式标准化披露。我国信贷 ABS 市场起步较早，信息披露规则更加完善，且产品特征与国外成熟市场最为接近，基础资产信息的穿透登记为穿透披露提供了条件。2020 年，中央结算公司联合多家专业机构开展课题研究并拟定了信贷 ABS 资产逐笔信息披露标准草案，为推动信贷 ABS 信息的穿透式披露提供了建设性、可行性参考。现阶段，建议统筹协调现有资源，将信贷 ABS 的底层登记信息与第三方估值结合，加工形成体系化、高精准度的数据产品，向有需求的市场机构提供。同时，可参考中央结算公司提出的信贷 ABS 信息逐笔披露标准草案，持续完善信息登记要素，脱敏后提供数据查询服务，最终逐步推动实现公开披露。对适用 STC 标准、享有资本计提优惠的 ABS，可先行推动底层资产信息逐笔披露，监管部门可进行定期抽样检查。

专题七：深化担保品作用，构建金融风险阀门

担保品是金融市场安全、高效运行的基石。2008 年国际金融危机以来，在监管改革和市场力量的双重驱动下，担保品在宏观层面和微观层面都对防范金融风险发挥了重要作用。目前，第三方担保品管理已成为国际金融基础设施重要业务板块，精准的产品细分、价值链的整合延伸、拓展至多品种、跨市场应用等已成为全球担保品行业深化发展的新趋势。在国内市场中，中央结算公司依托中央托管机构的优势，成长为全球最大的人民币债券担保品管理平台。目前，我国国内担保品管理中仍存在重点金融领域未实现全覆盖、已有担保品机制未被充分利用、国际化应用仍有待拓展等问题，有待通过建立多功能、跨市场、国际化的担保品管理体系，打造金融风险管理平台，进一步维护金融市场的健康稳定发展。

一、债券担保品的重要性

2008 年国际金融危机后，随着市场去杠杆的要求进一步提高，金融机构纷纷开始强化和完善风险管理。在众多风险管理工具中，担保品管理因监管的透明化、管理的精细化和逆周期调控等特性成为最优质的金融风险管理工具之一，是整个金融市场的“内在稳定器”。

（一）担保品发展的必然性

担保制度作为信用链条上的一个环节，是社会经济发展的必然产物。进入 21 世纪以来，随着全球资本市场的迅速扩张与互动增强、交

易结算速度的持续提升，监管机构、市场参与方对担保品管理的需求不断升级。

监管规定对担保品管理的要求不断提升。2008 年国际金融危机充分暴露了流动性不足以及高杠杆率对金融市场稳定性造成的极大影响，各国监管机构将规避风险、维护金融稳定视为首要目标，重视与加强担保品管理成为全球主流趋势。作为应对措施，一系列新的监管制度在危机后出台实施，从全球性的《巴塞尔协议Ⅲ》到美国的《多德—弗兰克法案》，再到《欧洲市场基础设施监管规则》（EMIR）和《欧洲金融工具市场指令Ⅱ》（MiFID Ⅱ），均通过提升对担保品要求以降低信用风险，大大加速了担保品机制的建设进程。

市场成员风险管理意识不断增强。国际金融危机的发生同样使市场机构意识到要强化自身的流动性和风险管理，以有担保的履约交易替代传统的信用交易，寻求收益性和安全性的平衡，担保品的种类和应用领域不断扩充。全球市场对于高质量流动性资产（HQLA）的需求越来越高，担保品种类逐渐由传统的存单、信用证扩展到债券、股票、货币市场基金、交易所开放式基金和资产担保证券等。其中债券因具备流动性较好、价值相对稳定、价值易于确定且具有公允的市场价格、使用成本较低等特点，成为天然的担保品。

科技的发展使集中的担保品管理成为可能。传统的担保品通过交易对手方之间提供担保品，将对手方信用风险转化为市场风险，有效减少了违约风险。随着金融交易的复杂程度逐步提升，双边担保品管理无法满足金融交易效率的需要，越来越多的市场参与者开始将担保品业务外包给更具专业优势的第三方服务商以降低成本、提高效率。互联网科技的快速发展为通过集中统一的系统进行担保品管理奠定了技术基础。基于平台连通性、技术密集型和授权存托者角色等特点，金融基础设施尤其是中央托管机构在担保品业务领域具有天然优势，能提供集中化、专业化、智能化的担保品管理服务，较为有效地搜寻、匹配、调动和运营系统内的担保品资源，防范市场波动造成的风险，扮演风险管理稳定器的角色。

（二）债券担保品的重要功能

宏观层面，担保品管理有利于完善宏观管理机制，防范系统性风险。担保品管理是调节杠杆率的重要工具。杠杆率与资产规模、资产质量相匹配是控制金融风险、防范金融危机的根本。通过精准调控质押式回购中担保品的质押比例，可以有效控制重复质押融资带来的杠杆倍数。提高质押比例降低杠杆放大倍数，以此来使资产负债率和权益比例处于较为合理的平衡状态，有效抑制资产价格的泡沫膨胀，防止资产价值泡沫化上升与杠杆率放大出现相互强化效应，避免经济金融周期放大，最终带来经济起伏较大，金融市场总体风险上升，出现风险传导的链式效应。因此，由金融基础设施建立的完善的担保品管理机制，可以说是稳定金融市场、防范系统性金融风险的重要基础。

此外，担保品管理机制在宏观政策操作层面起到了关键作用。全球范围内各国央行新型货币政策工具的创设和实施，已经形成了以担保品为核心的市场，其作用体现在两方面：一是提高货币政策操作安全性。通过质押优质债券资产，提供自动、完备的期间管理，确保资金敞口的及时足额覆盖，为货币政策的实施提供风险管理阀门，构筑风险缓释垫；通过多维度的业务数据分析，可以满足监管的需求，实时进行风险监测，支持对政策实施的统筹管理。二是疏通货币政策传导机制。通过合理调整合格担保品范围和质押率，可以在货币政策中引入逆周期调节手段，支持货币政策逆周期调节；通过调整合格担保品范围，引导金融机构加大对小微、民营和绿色经济等特定领域的支持力度，充分发挥政策协调作用。

微观层面，担保品管理有利于降低信用风险，把控流动性风险。金融交易中，交易双方通过提供担保品建立履约保障，并以此作为交易中获取信用的重要约束，有效抵消交易中可能出现的信用风险、流动性风险等。对于质权方（信用提供方）而言，相比于授信模式，提供担保品可以在出现违约时直接用于弥补质权方的损失，能够使其利益得到更好的保障，可以更放心地参与金融交易，进一步提高了金融市场的活跃度；对于出质方（信用接受方）而言，使用担保品可在获取信用的同时盘活其资产存量（如长期持有的零碎债券），提高资产管理效率，优化资产配置，并促进债券市场的健康发展。

二、债券担保品管理的现状及问题

（一）担保品管理的国际实践

1. 第三方担保品管理已成为国际中央证券托管机构（ICSD）重要业务板块

鉴于第三方担保品管理在风险管理、流动性管理以及担保品管理等方面的优势，国际市场上越来越多的金融机构在各类金融交易中采用第三方担保品管理服务。顺应市场的实际需求，第三方担保品管理服务已成为欧清银行、明讯银行等 ICSD 最为重要的战略业务板块，具有以下特点：

一是丰富多样的产品谱系满足多元化管理需求。担保品管理机制已渗入全球金融市场的各个层面，ICSD 第三方担保品管理往往通过构建细分多样的产品谱系，从而满足市场参与者对参与央行流动性投放、证券融资业务、金融衍生产品交易、货币市场回购业务等多元金融交易中涉及的流动性管理、风险管理、资产负债优化、合规报告等多维度的担保品管理需求。

二是集成先进的担保品管理系统提升管理效能。第三方担保品管理服务的核心是功能强大的担保品管理系统，国际主要的担保品管理机构均加强对担保品管理系统的投资和开发，为担保品提供方和接收方提供完备的一站式管理服务，解决担保品管理中资产类别、地域和时间的限制，实现交易过程中对担保品的监控、评估和自动置换等期间管理服务。客户无须花费精力自行管理交易组合中的担保品需求，提高了管理效率且节约成本。

三是全球性的金融基础设施互联网络加强跨境合作。欧清银行的担保品高速公路向所有中央对手方（CCP）、中央证券托管机构（CSD）、中央银行、全球和地方托管行、投资银行和商业银行开放；明讯银行的流动性中枢全球外包使金融基础设施得以连接明讯银行的担保品管理系统。各国金融市场以国际担保品管理平台为媒介枢纽，促进相互之间的跨境合作与协作伙伴关系，提升担保品管理机构间互联互通水平。

2. 担保品管理服务领域的发展趋势

担保品管理服务是风险管控的万能工具，对接不同类型的市场主体和交易形式。在金融体系发展和完善过程中，市场对担保品管理服务产生了更高的要求，从近年来国际主流担保品管理服务的发展可以发现，精准的产品细分、价值链的整合延伸、拓展至多品种、跨市场应用等已成为担保品行业深化发展的新趋势。

一是精细化定位，完善产品化发展及配套措施。随着金融市场业务多元化发展，市场机构已经不再满足于普适性的基础服务，而是需要为不同细分领域专门设计的差异化产品和供其自由选择的产品销售渠道，担保品精细化定位和开发需要多年的布局和积累，是全球担保品行业下一阶段发展的重要趋势。

二是纵向延伸，推进行业价值链整合。价值链整合延伸已经成为担保品行业的新风口，寻求行业价值链的丰富和延伸，开发增值附加服务，具体包括从前期交易达成、中期担保资产选择和调拨、投后担保价值监控和数据分析以及到期违约处置的全生命周期服务，从而形成以担保品管理为核心的价值生态结构。

三是横向拓展，实现多元化、跨品种担保品管理。金融业态的演化使担保品管理者需要实现多品种的担保品管理才能够满足市场的需求。以美英发达经济体为例，其央行货币政策担保品管理框架中的合格金融担保品范围不断扩大，已涵盖债券、有价证券、资产支持证券、商业票据、信贷资产等多种资产类型。

四是跨境互联，提升担保品跨区域调拨能力。随着全球高流动性资产需求急剧上涨，合格担保资产需求存在较大缺口，以人民币国债为代表的一批新兴国家主权级债券有望纳入合格担保品范围。这就需要各担保品管理机构打破托管地域阻隔，将分散在各地的新增合格担保品进行集成管理，提升跨区域的调拨能力。

（二）担保品管理的国内实践

经过10余年的发展，我国担保品管理服务取得丰硕的发展成果。作为我国最主要的担保品管理机构，中央结算公司在中国市场上逐步建立、完善担保品管理机制，形成了以政策支持服务和市场化产品为核心的第三方担保品管理服务体系，并成长为全球最大的担保品管理平台之一，并在诸多领域取得关键突破。

1. 担保品市场体量高速扩张，多元化客户群体均衡普惠

中央结算公司管理的担保品余额从2016年初的8万亿元迅速增长到2022年末的20.9万亿元，年均增长率近15%，稳居全球中央托管机构首位。客户群体从初期的以银行类、政府类机构为主，逐步拓展至保险、证券、期货等非银金融机构，以及境外央行和外资银行等境外投资者。总体来看，客户结构发展均衡，中小金融机构的比例持续提升，担保品管理支持普惠金融和实体经济的力度显著增强。

2. 担保品管理服务宏观调控，多渠道维护市场平稳运行

为保障宏观金融体系稳定运行，担保品管理服务广泛应用于我国货币政策、财政政策、支付结算体系运行等多个关键领域，支持政策操作安全高效执行，疏通宏观调控传导机制，维护金融市场平稳运行。货币

政策方面，担保品管理服务支持央行传统货币政策业务以及一系列新型货币政策工具的实施，助力构建现代化货币政策框架，为货币政策的精准调控提供抓手；财政政策方面，支持全国地方财政实施国库现金管理，保障财政库款高效稳健运行；支付结算体系方面，支持中央银行大小额支付系统质押业务，健全支付结算体系风控机制。

3. 担保品产品序列门类齐全，市场化服务效能显著提升

依托专业服务支持，中央结算公司已建立全方位、多层次、多领域的市场化服务格局，作为金融市场枢纽和风险阀门的功能与期货市场、贵金属市场等多个金融子市场联通合作，深化市场互联枢纽作用，特别是在服务期货市场方面，实现了对期货市场的全覆盖，相关业务规模迅速增长至千亿元规模；丰富保险资金协议存款、银行同业授信等业态结构，为金融机构提供有效的流动性管理工具；推出通用式担保品管理服务，为全市场提供全流程、一体化的担保品管理服务；建立健全担保品管理机制和违约处置机制，完善金融市场风险管控体系，助推市场实现更高层次上安全和效率的平衡。

4. 担保品管理服务绿色金融，绿色担保品体系日臻完善

在服务国家绿色金融政策方面，担保品管理有力支持了人民银行专项再贷款业务的落地实施，助力碳减排技术、清洁能源等重点领域的发展。与此同时，为实现风险敞口安全性、资产管理高效性以及绿色效应显著性等多方面的平衡，中央结算公司依托丰富的担保品管理经验，在国内率先提出绿色债券担保品应用理念，首创“标准化绿色债券担保品管理产品”和“合格担保品范围扩容”模式，面向全市场建立起全面、成熟、专业的绿色债券担保品管理服务体系。绿色债券担保品管理在我国市场的推广应用，从宏观市场层面改善绿色债券市场流动性不足，从微观市场层面提升市场参与绿色金融建设动力，在社会影响层面促进绿色债券担保品管理理念广泛传播，发展潜力巨大、前景广阔。

5. 担保品跨境应用加速拓展，全球化合作网络初见雏形

担保品的跨境应用对于货币国际化具有重要价值。随着人民币国际化和金融市场对外开放提速，以国债为代表的优质人民币债券资产得到市场越来越广泛的认可，被成功运用于多项跨境担保品业务创新：为境外中央银行与境内银行开展货币互换提供履约担保，为 QFII 参与期货交易提供保证金支持，为金融机构的跨境融资、跨境发行等提供履约担保。中央结算公司与国际市场广泛开展合作，取得了一系列国际化合作成果：推动跨境担保品纳入中英财金对话成果，与国际掉期与衍生工具协会（ISDA）发布场外衍生品交易保证金联合白皮书，深化与全球托管机构互联合作，在担保品领域搭建连接中国与国际市场的桥梁，发挥担保品基础设施连接国内国际双循环的关键作用。

在此基础上，结合国际市场最新趋势以及我国担保品行业的发展实际，2021 年中央结算公司确立了建设国际一流的跨市场、跨区域、跨资产金融担保品管理平台的战略目标，目标成为多元覆盖、专业深耕的全球担保品管理领跑者。

（三）国内债券担保品应用的问题

1. 担保品管理尚未形成重点金融领域全覆盖

从我国金融市场整体运行情况来看，在以授信主导的风控体系下，很多重点金融领域中尚未引入担保品管理机制。例如，在同业业务、跨境融资等领域通过授信方式的额度管理仍占绝大多数。授信制度本身只是设置了一个风险极值，并无实质性的风险控制，缺乏实质性履约担保，违约后守约方的利益难以保障。数次金融危机的历史教训表明，过度依赖授信机制以及担保机制的缺位难以保障各金融子市场的整体协调，会产生监管套利的空间，并滋生和外溢金融体系内部关联风险，加剧市场波动，最终造成重点金融领域信用风险跨市场、跨资产交叉传染的严重后果。从实践上看，在当前复杂的市场环境下，担保品机制在部

分重点金融领域的缺失，在宏观上不利于投融资的风险管理，导致资产配置的单一化和结构性错位；在微观上影响市场参与者的投融资成本，金融机构需要花费大量时间和成本来维护交易对手方的信息，管理成本高。因此，加快推动担保品管理的全面覆盖迫在眉睫。

2. 金融市场面临担保品机制使用不充分的问题

在已经使用担保品的金融交易中，担保品管理机制的作用也未得到充分发挥，特别是逐日盯市及动态调整功能还未全面推行。担保品管理机制的技术内核是盯市和动态调整功能的应用，从实际操作来看，担保品一般采用市场公允价格来计量，充分发挥逐日盯市在担保品管理当中的应用可以提升履约保障全生命周期的风险防控能力，反映担保品价值与风险敞口的真实变化水平。根据盯市结果进行动态调整，是对盯市捕捉到的市场风险做出的及时反应，避免因担保品价值变动导致对实际敞口覆盖的不足，公允保障交易双方权益。而从我国金融市场的实际情况看，上述机制尚未充分应用。截至2022年末，在中央结算公司管理的逾20万亿元债券担保品中，仅有一半左右的担保品采用了债券估值作为担保品计价基础，通过逐日盯市反映担保品的真实市场价值；而启用动态调整功能的担保品规模仅占5%左右。可以看出，逐日盯市及动态调整功能的缺失削弱了担保品管理的职能作用。此外，我国市场还存在债券借贷敞口覆盖不足的问题。国际上的集中借贷业务模式中债券借贷风险敞口要求足额覆盖，例如欧清银行和明讯银行均在其产品手册中明确证券借贷担保品价值应足额甚至超额覆盖标的券价值。

3. 国际市场成熟业务品种和制度有待落地完善

与国际成熟市场相比，在业务和制度层面，我国金融市场尚存在一些短板。在业务层面，如三方回购、集中借贷业务等一批国际市场成熟的业务仍在推动落地的过程中。例如，2018年人民银行发布第18号公告，在银行间债券市场推出三方回购交易，但是在实践业务中，相关业务仍有待监管部门的进一步政策支持。类似地，2022年人民银行发布第 1 号公告，推出了银行间债券市场集中债券借贷业务，相关业务的落地实施尚在推进中。制度层面，国际市场上担保品再使用机制较为成熟，有助于提升担保品使用效率并缓解优质担保品不足的现状。然而，由于法律制度等方面的差异，担保品再使用机制在我国仍处于理论研究阶段。上述成熟业务品种和机制的缺失使得相应的市场需求未得到有效满足，在一定程度上影响了市场参与者的交易效率，抑制了市场流动性的合理增长，限制了我国金融市场进一步发展的空间。

4. 担保品的国际化应用仍有待拓展

随着人民币国际化发展进程持续加速，拓展债券担保品的国际化应用是我国债券市场对外开放的重要方面。然而，目前人民币债券担保品的国际化应用程度不高，具体表现在两个方面。一是在岸人民币债券跨境使用领域比较基础，尚不具备服务国际回购、证券借贷和全球衍生品保证金的功能。这些功能的缺失，导致人民币债券在全球市场中的利用率仍然较低，在国际市场的活跃度和竞争力有限，未能被纳入全球合格担保品池。二是从国际主流合格担保品的发展历程来看，担保品的国际化应用依托于全球基础设施的合作网络，特别是需要构建和形成全球流动性的流通管道和循环体系。然而，人民币债券资产尚未形成债券市场的跨境互联体系，我国与主要 ICSD 的合作有限，在市场准入、技术操作、制度规范等多个环节都需要进一步兼容和完善。

三、政策建议

（一）加强对重点金融领域的全覆盖

国际金融危机后，发达金融市场均重视担保品机制对重点金融领域的全覆盖，以保障各金融子市场的整体协调，防止金融风险跨市场传染。建议探索将担保品机制应用到更多金融活动、金融机构及金融领域中，实现对重点金融领域的全覆盖，并建立相应的工具应用指引及监测体系，正确引导市场预期。担保品管理机制的全覆盖还具有风险监测的天然优势，建议引入一套基于担保品的多维度风险监测指标。例如，可以从总额控制的角度监测、识别各金融子市场或金融机构风险的边际变化；从集中度的角度入手，掌握金融机构在押担保品中不同评级债券的分布、单一债券的集中度占比情况等指标，帮助构建系统性风险监测、评估和预警体系，并据此进行动态调整，为政策制定和交易决策提供参考。

（二）充分应用第三方担保品管理机制

第三方担保品管理机构是建立公允、透明的担保品框架体系，发挥担保品管理机制作用的重要载体。建议充分应用第三方担保品管理机制，全面运用估值盯市、动态调整等一系列担保品管理核心功能，助力金融机构提高资产配置效率和风险管理水平。将复杂的担保品管理外包给更具专业优势的第三方机构，可以带来显著的规模效应和专业优势，规模化带来操作成本的降低，专业化带来管理效率的提升。特别是在重点金融领域引入中央托管机构作为第三方提供集中、统一的担保品管理服务，可以建立起基于押品的动态评估和监测体系，在为市场参与者提供标准化、多样化的流动性和风险管理工具的同时，为监管部门预判系统性风险的形成并适时调整政策组合提供渠道和抓手。

（三）推动国际成熟品种和市场机制落地

有效应对我国金融市场尚存的业务和制度短板，对提升我国金融市场风险防控能力和改善市场流动具有重要作用。在业务层面，建议推动境内债券市场三方回购、集中借贷等业务品种落地，重视市场培育，鼓励市场创新，通过打造规则明确、品类齐全、功能合理的多层次回购、借贷市场，畅通境内市场担保品循环体系。在制度层面，建议结合国际先进经验，积极探索担保品再使用机制和多样化的担保品模式，推动担保品再使用在境内市场的逐步应用，通过更为安全、高效的运转方式，扩大合格担保品供给，在合理区间内发挥担保品的乘数效应，为客户流动性管理提供便利。此外，国际成熟品种和市场机制的落地可以更好地服务金融对外开放的大局，有助于增强我国金融市场的对外吸引力和人民币资产的国际影响力。

（四）扩大人民币债券担保品的国际应用

高等级债券资产的国际化应用是一国金融市场信用扩张的重要体现，是具有核心竞争力的金融战略资源，关系到一国在全球金融体系中的话语权和定价权。针对当前人民币债券担保品国际应用不足的情况，一是建议进一步完善中国债券市场对外开放的产品服务体系，推动业务创新，拓宽人民币债券的应用场景，探索人民债券参与国际回购、证券借贷和全球衍生品市场交易，推动以国债为代表的优质人民币债券纳入全球合格担保品池，疏通人民币债券参与国际市场的通道。二是建议由中央结算公司等国内主要金融基础设施与ICSD等境外机构共同探索跨境互联互通安排，搭建跨区域联通的服务网络，推动形成人民币债券的跨境互认渠道和托管调拨体系，增强跨区域服务能力，夯实人民币债券担保品国际应用的基础。

专题八：发挥专业第三方估值作用

金融估值是金融市场运行的关键环节，是对市场价格发现机制的有力补充。发挥公允、专业、透明的第三方估值作用，有利于促进金融市场信息传递、产品理性定价、风险识别计量。

一、第三方估值机制不可或缺

价格发现是市场资源配置的基础，价格信息是金融市场的核心要素。由于债券交易多在场外，市场流动性相对偏低、价格发布渠道有限，故需进行连续估值，以此揭示公平交易下债券可变现价格，为价格发现提供补充，促进提升市场透明度与流动性。

（一）金融市场需要公允第三方估值保驾护航

按照提供方不同，债券估值可分为内部估值和第三方估值两类。前者由参与交易活动的市场机构自行得到，后者由独立于交易双方的专业机构提供。

从市场实践看，部分内部估值存在虚高倾向，或集聚系统性风险。如在国际金融危机爆发以前，国际市场上大量有毒资产价格被长期高估。因此危机过后，深化权威第三方估值应用愈加成为国际共识。此举可缓释估值道德风险，既有利于弥合信息不对称，又有利于降低价格信息收集成本。

（二）国际第三方估值方兴未艾

国际金融危机后，国外第三方估值行业地位日益凸显。相关国家多将第三方估值视为商业行为，由此涌现出一批商业信息公司，其中既包括路透、彭博等老牌机构，也包括掌握关键数据、了解用户需求的“跨界者”。根据笔者了解的情况，国外第三方估值在市场价格发现中发挥着越来越重要的补充作用。尤其是越来越多的金融基础设施凭借公允地位与专业优势，成为第三方估值的重要提供者。美国证券托管结算集团（DTCC）、美国洲际交易所（ICE）、欧清集团（Euroclear）、俄罗斯国家结算存管机构（NSD）、德意志交易所（DBAG）、瑞士证券交易所（SIX）、菲律宾交易系统控股集团（PDS）、印度尼西亚证券市场基础设施等均通过直接设立或控股参股等方式，不同程度地开展第三方估值业务。

二、第三方估值为中国金融业广泛认可应用

以中央结算公司1999年编制发布第一条人民币国债收益率曲线为开端，中国债券市场第三方估值业务历经20多年发展，已从萌发步入成熟。

（一）打造CSD第三方估值的国际范例

相关实践经验表明，不参加市场交易的CSD具备开展第三方估值业务的天然优势。作为国家重要金融基础设施，中央结算公司精心打造中国金融市场定价基准形成平台。CSD第三方估值的经验做法得到国内外广泛认同和借鉴。

一是恪守独立公允，即第三方估值机构及其股东不应以任何方式参与市场交易。中央结算公司专注做好CSD，基于中央托管机构中立地位和专业优势，设立全资子公司中债估值中心，聚力建设中债估值产品体系。二是彰显专业实力，即第三方估值机构应拥有深厚积淀，以此提供

过硬可靠的估值服务。中央结算公司依托中央登记托管数据优势，配备高质量金融工程、数据、IT 人才团队，开发 2000 个多模型与公式以及数千页的方法论与算法文档，发布《债券价格指标产品描述规范》等国家级数据标准，开发搭建了国内第一个完全自主设计开发、为人民币债券市场量身定制的价格指标系统体系（包括 30 余项子系统），自主研发一系列资产定价、数据处理、风险管理等领域的专业软件与应用工具，形成数十项软件著作权和发明专利，确保中债估值可靠、多元、实时。三是坚持公开透明，即第三方估值机构应遵循国际通行原则，主动接受各方监督。中央结算公司发起成立中债指数专家指导委员会，汇聚权威声音。中债估值作为银行业、基金业、保险业风险管理计量基准，接受各方质询。中债估值中心严格对标国际证监会组织（IOSCO）《金融市场基准原则》，开展定期内审，编制发布相关情况报告，中债指数获得 IOSCO 原则独立鉴证。

在各方支持信赖下，中债估值得到金融业广泛应用。一是推动国债收益率曲线发挥定价基准作用。截至 2022 年末，以中央结算公司编制发布的中国国债收益率为基准的浮动利率债券规模超 4.7 万亿元，占同类债券比重超 96%；国债收益率曲线累计支持超 48 万亿元国债和地方政府债券市场化招标发行。2022 年，人民银行指导利率自律机制将 10 年期国债收益率纳为存款利率重要参考。二是助力防范金融风险。中债估值被银行间债券市场参与机构广泛用作交易监测基准。此外，通过与有关登记机构合作，中债估值向信贷、理财、保险、信托等多类别资产延伸拓展，有力支持资管新规落地实施。三是支持债券市场对外开放。3 个月期国债收益率作为人民币代表性利率被国际货币基金组织纳入特别提款权（SDR）利率篮子，是 SDR 利率篮子中唯一由第三方估值机构发布的无风险利率；彭博、路透、明晟等国际信息商每日向全球投资者发布中债估值；基于中债估值打造的中债指数，助力相关交易型开放式指数基金（ETF）产品在多家境外交易所挂牌或上市。四是引领行业标准化、数字化转型。中央结算公司牵头编制国家级与行业级数据标准，试发布日间国债收益率曲线，打造 Dr. Quant 数据平台，助力市场高效管理资产、决策投资。

（二）坚持立足市场探索第三方估值

中央结算公司探索的 CSD 第三方估值发挥着越来越重要的作用，成为市场公允、专业、透明估值的代表。我国已逐步探索形成金融机构自发应用与比对校验、行业推荐、相互监督、市场应用进一步扩大的第三方估值良性反馈机制。一是市场机构基于对 CSD 第三方公允、专业、透明估值的信任，自发探索使用 CSD 第三方估值作为价格发现的补充，不断改进定价效能，提高风险管理与会计计量水平。二是相关部门与行业协会广泛收集市场意见并进行综合评估，鼓励金融机构内部估值与第三方估值结果相互比对校验，在比较中探求公允价值。例如，《中国银监会关于建立银行业金融机构市场风险管理计量参考基准的通知》提出，鼓励商业银行建立适合自身的估值技术与能力，并与第三方公允估值进行比较、相互监督，促进商业银行估值质量与风控能力提升。此外，证券投资基金业协会、保险资产管理协会等都推荐中债估值作为基金管理人、保险资产管理人的参考基准。通过建立金融机构内部估值与第三方估值的比对校验机制，有力防范道德风险。三是在充分尊重估值选用弹性的前提下，金融机构的自发使用和行业推荐对第三方估值机构形成反向监督，构建起安全与效率相统一、第三方估值与内部估值互促互鉴的经典范式。

三、进一步释放专业第三方估值效能

随着中国金融业纵深发展，双向开放稳步推进，市场主体持续扩容，对第三方估值提出更高要求。在此背景下，应更好发挥专业第三方估值作用，助力金融市场稳步前行。

一是完善信息披露制度，提升信息披露质量，夯实公允第三方估值基础。建议立足公司信用类债券信息披露管理办法，推动统一信息披露标准，加强相关领域执法力度。加大信息披露违规惩戒，从制度上严防披露不及时、不完整、质量不佳、恶意虚假披露等情况发生，在增强投资者保护的同时，筑牢第三方估值基础。此外，建议参考中央结算公司对可扩展商业报告语言（XBRL）的应用经验，与上海证券交易所在企业债、金融债信息披露文件共享方面的合作经验，有效解决传统信息披露中数据标准不统一、重复披露、操作风险高等问题。

二是持续优化价格发现机制，提高市场流动性。可靠的价格发现机制和充足的市场流动性，是专业第三方估值的重要基点。建议进一步完善做市商机制，鼓励做市报价，降低市场摩擦和交易成本；持续完善做市商考核机制，推动做市商提升定价和交易能力，以内外合力增强做市商提供优质报价和改善市场流动性的能力。建议完善经纪报价机制建设，通过金融基础设施统一接入经纪报价数据，向债券市场参与机构提供货币经纪行情数据服务，保障经纪行情服务的安全性、稳定性和服务质量，增强服务的公共性和普惠性。

三是助力市场发展，深化估值应用。建议创新丰富以国债收益率为基准的金融产品，包括发行以短期国债收益率为定价基准的浮动利率国债、开发以国债收益率为标的的金融衍生品等。建议加强国债收益率曲线在货币政策操作中的运用，构建基于国债收益率曲线的利率传导框架与政策操作路径。鉴于 10 年期国债收益率可有效反映市场现状、预测经济走势，建议进一步扩大 10 年期国债收益率在政策和市场中的应用，参考存款利率基准，将其纳为贷款利率的重要基准。建议吸收基准比对机制的成功经验，鼓励金融机构将中债信用债收益率曲线作为发行定价比较基准，助力提升信用债发行质效。

四是提升国际化水平，助力第三方估值“走出去”。指数是估值的重要应用，国内指数“走出去”面临重重阻碍。不对等关系不利于我国第三方估值机构境外展业，将对我国第三方估值国际竞争造成不利影响。建议管理部门关注有关国家和地区对我国指数出境的严苛限制，对等设置境外指数准入要求，多措并举推动我国第三方估值境外落地，牢牢守住人民币资产定价自主权。同时，建议第三方估值机构进一步丰富中资美元债估值产品谱系，为国内企业发行外债提供可靠的定价基准参考，为投资者提供多元数据支持。

专题九：深化中国国债收益率曲线应用

1999 年，国内第一条人民币国债收益率曲线正式发布。经过 20 多年的努力，我国国债市场发展迅速，国债收益率曲线日益成熟。国债收益率曲线的基准性应用不断深化，已成为反映我国宏观经济运行状况的“晴雨表”和公认的无风险基准利率。

一、中国国债收益率曲线的发展历程

（一）国债市场不断发展，编制国债收益率曲线的市场条件日益成熟

自国债恢复发行以来，国债管理制度不断完善，推动国债的金融属性不断凸显。首先，一级市场制度持续优化。财政部从 2004 年起持续在每年初公布国债发行计划，提升市场透明度；不断丰富国债期限品种，形成了覆盖短、中、长期完整且合理的期限结构；显著提高发行频率，完善国债续发行制度，10 年期国债的单只发行量已由 1999 年的 300 亿元左右增加到 2022 年的超过 2000 亿元。其次，二级市场建设不断完善。银行间债券市场做市商制度、货币经纪制度相继建立并不断完善；国债做市支持机制为改善做市商交易和资金流动性发挥积极作用。

在各方面政策的推动下，我国国债市场规模不断扩大、流动性日渐提升、价格信号日趋丰富，编制国债收益率曲线的市场条件也愈发成熟。2022 年末，我国记账式国债存续规模超过 24 万亿元，银行间市场国债年现券交易规模约 54 万亿元，国债市场年换手率与美国国债市场的差距明显缩小，且居亚洲国家首位。2022 年，国债经纪报价平均价差缩小到 3.4 基点（BP）以内；市场价格点的分布形态也从早期集中

在某个期限的“团状”演化为更加均匀分布在各个期限的“带状”。

（二）利率市场化不断推进，国债收益率曲线的战略地位日趋重要

随着中国国债市场建设的逐步完善和利率市场化改革的进一步深化，国债市场与宏观政策及实体经济之间的联系日益紧密。我国从20世纪90年代起进行渐进式的利率市场化改革，至今有管制的利率已基本放开[①]。国债市场作为政策与货币市场、债券市场、信贷市场以及实体经济的连接体，已成为货币政策传导的重要枢纽，政策利率信号以国债市场为通道向各个市场传递，畅通了短期和长期利率、国债无风险和信用主体利率的相互影响机制。

国家层面高度重视，国债收益率曲线的市场基准地位进一步明确。2013年，党的十八届三中全会决议提出“健全反映市场供求关系的国债收益率曲线”，明确国债收益率曲线的市场基准地位。2014年起，财政部、中国人民银行、银保监会官方网站陆续发布国债等收益率曲线。2016年，IMF将中债3个月期国债收益率作为人民币代表性利率纳入SDR利率篮子。同年，亚洲开发银行官网也发布了中国国债等收益率曲线。2020年，中共中央、国务院进一步强调“深化利率市场化改革，健全基准利率和市场化利率体系，更好发挥国债收益率曲线定价基准作用。”主管部门和国际机构对国债收益率曲线的高度重视使国债收益率曲线作为市场定价基准的地位不断深入人心。

（三）国债收益率曲线可靠性不断提高

基于国债总托管人的中立地位和中央登记托管的制度优势，在管理部门的指导下，中央结算公司从1999年起编制发布人民币国债收益率

---

① 1996年5月，《中国人民银行关于取消同业拆借利率上限管理的通知》规定，货币市场利率管制放开；1999年9月，财政部在银行间债券市场通过利率招标方式发行国债，国债市场利率管制放开；2013年7月，人民银行宣布全面放开金融机构贷款利率管制；2015年5月和10月，人民银行分别宣布放开对小额外币存款和存款类金融机构存款利率上限的管制，存款利率管制放开。

曲线，并持续推动曲线可靠性不断提高。一是探索建立科学合理的编制方法。中央结算公司于2006年起采用埃尔米特（Hermite）插值法编制曲线，该方法兼顾灵活性、光滑性和稳定性的优势，能够更为准确地反映我国国债市场期限结构。二是全面吸收国债市场各类价格信息。国债收益率曲线编制所使用的数据源囊括了全市场各类国债交易、结算、报价等数据，在此基础上对价格信号去粗取精、去伪存真，以使曲线真实反映市场供求关系。三是对标国际完善质量治理机制。2005年起中央结算公司发起组建中债指数专家指导委员会，国债收益率曲线相关工作获得具有广泛代表性和专业权威性的40多位专家的指导和监督。根据国际证监会组织（IOSCO）2013年发布的《金融市场基准原则》，完善制度流程和控制措施。在20余年的探索中，中央结算公司培育了一支专业且经验丰富的团队，2017年成立全资子公司专门负责国债收益率曲线的编制和维护，进一步夯实曲线建设的治理基础。

经过较长时间的检验和不断完善，中央结算公司编制发布的国债收益率曲线与市场价格持续保持较高一致性，能较为可靠地反映市场真实供求关系，是市场上接受范围最广的国债收益率曲线。中国国债收益率曲线见图1。

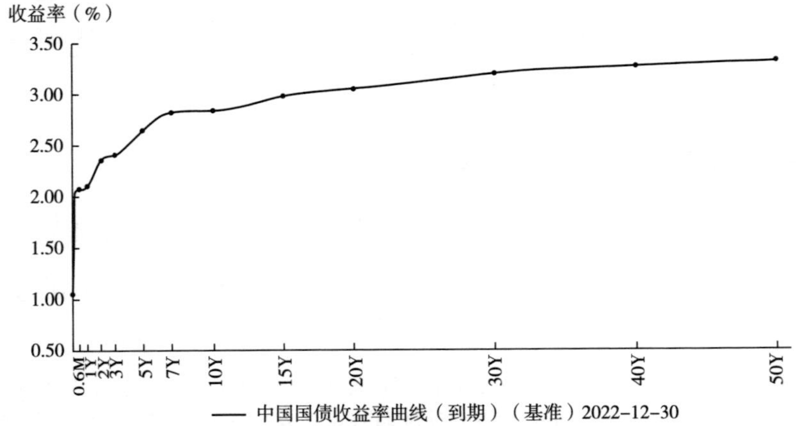

图1　中国国债收益率曲线图（2022年12月30日）

（资料来源：中债DQ金融终端）

二、中国国债收益率曲线在基准利率体系中的作用日益凸显

（一）在备选基准利率中，国债收益率曲线更加满足国际标准

根据国际理论与标准开展的评估表明，国债收益率曲线适合作为金融市场的定价基准。2013 年国际证监会组织（IOSCO）颁布的《金融市场基准原则》提出，金融市场基准应该遵循治理性、基准性、方法明确性以及问责性等四项原则。有研究基于以上原则对各备选基准利率进行量化比较，发现在短期限备选基准利率中，中国国债市场利率是更为合适的金融市场定价基准[①]。金融市场基准利率评估得分情况见表 1。

表 1　金融市场基准利率评估得分情况

<table>
<tr><td colspan="7">面板 A　短期限</td></tr>
<tr><td rowspan="2">维度 1</td><td rowspan="2">维度 2</td><td rowspan="2">具体指标</td><td colspan="2">拆借市场利率</td><td colspan="2">国债市场利率</td></tr>
<tr><td>3 个月 Shibor</td><td>6 个月 Shibor</td><td>3 个月国债利率</td><td>6 个月国债利率</td></tr>
<tr><td colspan="3">综合得分</td><td>1.27</td><td>1.19</td><td>4.06</td><td>3.82</td></tr>
<tr><td rowspan="5">可治理性（20%）</td><td>透明性</td><td>定义、方法论等透明性</td><td>1.00</td><td>1.00</td><td>1.00</td><td>1.00</td></tr>
<tr><td>利益关联治理</td><td>利益关联治理</td><td>0.00</td><td>0.00</td><td>1.00</td><td>1.00</td></tr>
<tr><td>输入数据</td><td>输入数据的层级明确，且有相关的治理措施</td><td>1.00</td><td>1.00</td><td>1.00</td><td>1.00</td></tr>
<tr><td rowspan="2">可比较性</td><td>历史数据可比较</td><td>0.75</td><td>0.75</td><td>1.00</td><td>1.00</td></tr>
<tr><td>完善的期限结构</td><td>0.47</td><td>0.47</td><td>1.00</td><td>1.00</td></tr>
<tr><td rowspan="6">基准性（40%）</td><td rowspan="2">基础市场充分且广泛</td><td>基础市场机构参与情况</td><td>0.00</td><td>0.00</td><td>1.00</td><td>1.00</td></tr>
<tr><td>参与者持有基准市场资产的集中度</td><td>0.36</td><td>0.36</td><td>0.64</td><td>0.64</td></tr>
<tr><td>流动性</td><td>月均交易量</td><td>0.19</td><td>0.00</td><td>1.00</td><td>0.41</td></tr>
<tr><td>是否有无风险特征</td><td>无风险或类无风险利率</td><td>0.00</td><td>0.00</td><td>1.00</td><td>1.00</td></tr>
<tr><td rowspan="2">市场性</td><td>基于市场真实交易形成</td><td>0.00</td><td>0.00</td><td>1.00</td><td>1.00</td></tr>
<tr><td>对宏观经济或者金融市场信息反应敏感</td><td>0.00</td><td>0.00</td><td>1.00</td><td>1.00</td></tr>
</table>

① 我国国债利息收入免税，与其他债券利息存在税收差异。考虑到基准性要求无风险特征与基于市场真实交易形成，我国国债收益率曲线编制过程中未针对税收差异作特殊处理。

续表

面板A　短期限						
维度1	维度2	具体指标	拆借市场利率		国债市场利率	
			3个月Shibor	6个月Shibor	3个月国债利率	6个月国债利率
问责性（20%）	遵循基准原则	是否遵循IOSCO原则	0.00	0.00	1.00	1.00
		可靠、透明、完善的问责机制	0.00	0.00	1.00	1.00
方法明确（20%）	计算方法论明确	利率形成的方法论明确	1.00	1.00	1.00	1.00
	输入数据	数据获取、输入层级明确	1.00	1.00	1.00	1.00
面板B　中长期限						
维度1	维度2	具体指标	贷款市场报价利率		国债市场利率	
			1年期LPR	5年期LPR	1年期国债利率	10年期国债利率
综合得分			1.29	1.40	3.87	3.93
可治理性（20%）	透明性	定义、方法论等透明性	1.00	0.00	1.00	1.00
	利益关联治理	利益关联治理	0.00	1.00	1.00	1.00
	输入数据	输入数据的层级明确，且有相关的治理措施	0.00	0.00	1.00	1.00
	可比较性	历史数据可比较	0.00	0.38	1.00	1.00
		完善的期限结构	0.00	0.00	0.79	0.79
基准性（40%）	基础市场充分且广泛	基础市场的存续规模	1.00	1.00	0.01	0.01
		基础市场机构参与情况	1.00	1.00	1.00	1.00
		参与者持有基准市场资产的集中度	1.00	1.00	1.00	1.00
	流动性	换手率	0.00	0.00	0.41	0.20
		月均交易量	0.00	0.00	0.06	0.21
	是否有无风险特征	无风险或类无风险利率	0.00	0.00	1.00	1.00
	市场性	基于市场真实交易形成	0.00	0.00	1.00	1.00
		对宏观经济或者金融市场信息反应敏感	0.03	0.00	0.79	1.00
问责性（20%）	遵循基准原则	是否遵循IOSCO原则	0.00	0.00	1.00	1.00
		可靠、透明、完善的问责机制	0.00	0.00	1.00	1.00
方法明确（20%）	计算方法论明确	利率形成的方法论明确	1.00	0.00	1.00	1.00
	输入数据	数据获取、输入层级明确	0.00	1.00	1.00	1.00

资料来源：蔡文靖：《我国金融市场基准利率体系评估研究》，中央结算公司2020年博士后报告。

（二）国债收益率曲线在货币政策传导中的作用明显提升

国债收益率与其他市场利率高度相关，对政策利率的传导效果最好。在短端传导方面，3 个月期国债收益率对公开市场 7 天逆回购利率的响应时间和幅度优势明显（见图 2）；在向长期限传导方面，国债期限最为完整，更利于从短端向中长端传导，而回购利率和 Shibor 的期限偏短（限于 1 年以内）导致难以向长端利率传导；在信用传导方面，国债向企业债的利率传导也十分显著，对融资成本变化的反应更灵敏（见图 3）。

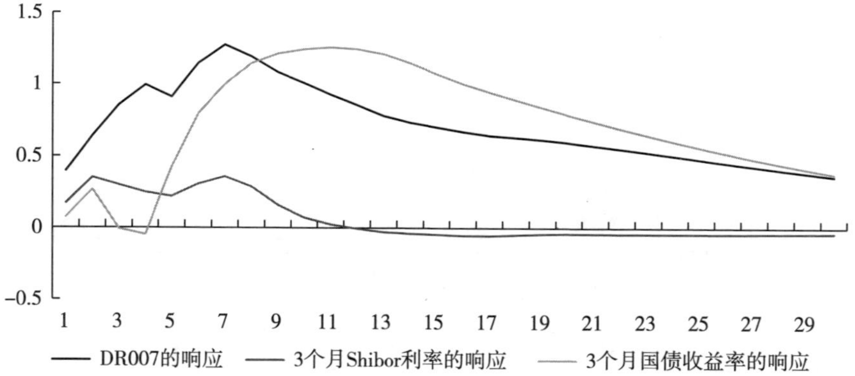

图 2　短期市场利率对政策利率的传导效率

图 3　1 年期企业债利率、国债利率与 LPR 利率走势

（资料来源：中债估值中心，全国银行间同业拆借中心）

随着我国利率市场化和金融市场发展的加速，国债收益率曲线的利率传导效率明显提升。有研究结果表明，2017—2021 年我国短期利率（DR007）向各期限国债收益率传导的效率显著高于 2012—2016 年的水平（见图 4）。例如，1 年期的国债收益率对 DR007 的弹性从 0.52 提高到 0.66（即 DR007 变动 1% 意味着 1 年期国债收益率的变动幅度从 0.52% 提高到 0.66%）；5 年期和 10 年期国债收益率弹性分别从 0.36 和 0.37 提高到 0.63，增幅明显高于中短期国债收益率，表明国债收益率曲线在短期利率向中长期利率传导中的作用显著增强。

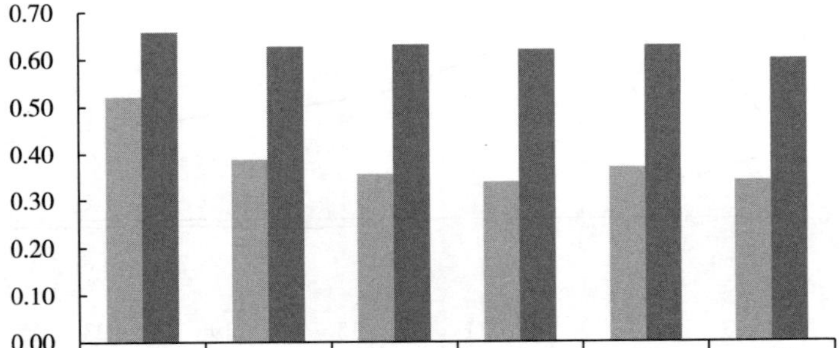

	1Y	3Y	5Y	7Y	10Y	20Y
2012—2016年	0.52	0.39	0.36	0.34	0.37	0.34
2017—2021年	0.66	0.63	0.63	0.62	0.63	0.60

图 4　国债收益率对短期利率（DR007）的传导效率变化

（资料来源：唐博：《债券市场与货币政策传导研究》，中央结算公司 2020 批博士后报告）

（三）国债收益率曲线能够有效反映宏观经济运行情况

国内外实践表明，国债收益率曲线能及时灵敏地反映宏观经济运行情况。美联储定期发布的反映未来经济变化的先行指数中，美国国债利差指标在 10 个指标中权重为 33%，显示出美国国债收益率曲线有效反映经济走势。中国实践中，中国人民银行相关课题研究证实，中国国债收益率曲线的形态变化可以有效提供市场对未来宏观经济的预期。例如，我国 10 年期与 2 年期国债收益率之间的利差（以下简称国债利差）

与滞后 12 个月的宏观经济景气一致指数间的相关系数最大达到 0. 51，国债利差对 GDP 和规模以上工业增加值的平均年化增长率均有显著的正面影响。中债估值中心研究表明，2013 年以后中国国债收益率变化与实际经济增长、宏观政策调整的相关性明显提高（见表 2）。

表 2　各周期中债国债收益率与实际 GDP 增速相关性

次数	熊市	牛市	相关性
第一次	2002. 6—2004. 11	2004. 11—2006. 3	0. 05
第二次	2006. 3—2007. 11	2008. 8—2009. 1	0. 25
第三次	2010. 7—2011. 8	2011. 8—2012. 7	0. 42
第四次	2013. 4—2013. 11	2013. 11—2016. 8	0. 60
第五次	2016. 10—2017. 11	2018. 1—2020. 4	0. 52

资料来源：中债估值中心。

三、中国国债收益率曲线的应用现状

得益于国债市场的不断成熟和国债收益率曲线的日益健全，国债收益率曲线在我国经济金融运行的多个方面发挥了关键性作用。

（一）支持宏观决策与实施

一是支持财政政策实施。自 2009 年起，财政部陆续指定使用国债收益率曲线作为国债和地方政府债券发行定价的基准。截至 2022 年末，中国国债收益率曲线累计支持超过 50 万亿元国债和地方政府债券的市场化招标发行。二是助力货币政策实施。2004 年以来，我国货币政策长期跟踪国债收益率变化，货币当局可根据长短期利率指标的变化来判断市场变化，并据此修正未来的货币政策。2022 年，中国人民银行发布的第一季度货币政策执行报告明确，10 年期国债收益率成为存款利率市场化定价参考利率之一。三是成为监测宏观经济运行状况的重要依据。实践表明国债收益率曲线长短期利差是判断宏观经济运行的先行指标，国家统计局中国经济景气监测中心将 7 年期以上国债市场加权平均收益率与 1 年期以内国债市场加权平均收益率之间的点差，作为我国宏观经济先行指标之一。

（二）各类人民币资产的定价基准

一是成为浮动利率债券主要的定价基准。截至 2022 年末，以中国国债收益率挂钩作为发行及重定价基准利率的永续债、浮息债等规模近 5.4 万亿元，在以市场化利率为基准利率的债券中占比为 95%。二是以国债收益率为基础形成的系列指数成为债券市场的业绩基准和跟踪标的。例如，截至 2022 年末，以中债指数为业绩基准的基金规模和以中债指数作为投资标的的基金规模在同类基金中占比均超八成。三是在其他金融领域的应用不断扩展，并扩展至非金融领域。中国国债收益率不仅是银行间市场利率互换和标准债券远期的标的，也是场外衍生品市场收益凭证和期权的挂钩标的；2015 年以来，国债收益率被资产评估协会确定为收益率法评估企业价值时的基准。

（三）防控金融风险的重要工具

在国债收益率曲线的基础上，中央结算公司编制发布了覆盖全市场所有债券品种和各信用级别的收益率曲线、债券及非标估值、指数、风险管理工具等第三方估值产品，被金融监管部门广泛采用作为防控金融风险的参考。

银行业金融机构以中国国债等收益率曲线作为公允价值计量基准和市场风险管理基准，推动商业银行实现巴塞尔协议风险控制的要求；银行间债券市场参与机构广泛采用第三方估值作为交易监测的基准，防范利益输送和异常交易；基金公司普遍使用第三方估值作为基金持有债券资产净值计算的基准，有效降低公允价值计量的成本，提高风险管理的效率；保险机构广泛采用中国国债收益率曲线作为保险准备金计量基准，支持了保险机构利率市场化条件下的稳健发展；部分资管机构开始采用第三方非标估值作为非标资产的公允价值计量基准，支持资产管理行业净值化转型；担保品管理服务中，第三方估值作为债券公允价值应用于市值监控，包括逐日盯市、自动增补、退还等功能，并在担保品违约处置阶段作为标的债券的公允价值。此外，审计和司法判决领域也越来越多使用第三方估值作为债券资产相关的公允价值度量依据。

四、进一步深化中国国债收益率曲线应用的建议

随着国债市场管理制度、基础设施建设的不断完善发展和利率市场化改革的不断推进，我国国债市场流动性显著提高，已形成较为成熟的国债收益率曲线，债券市场对货币政策的传导功能已基本具备，国债收益率曲线在金融市场中得到广泛应用。但是，与西方成熟市场相比，我国短期利率向中长期利率的传导效率仍然偏弱，尤其是在信贷市场上的传导效率还不高。为持续深化国债收益率曲线建设，畅通货币政策传导效率，促进金融市场高质量发展，本文提出以下政策建议。

一是构建基于国债收益率曲线的利率传导框架与政策操作路径，提高政策实施的精准性。国债收益率曲线作为具有完整期限结构的基准利率，可与货币市场基准利率进行有效衔接，有助于提高货币当局对中长期利率和实体经济的调控效果。建议货币当局以 7 天回购和国债现券交易为重要工具，进一步增强国债收益率曲线的可控性和传导性。与此相协调，建议借贷便利工具利率更多参考国债收益率确定，弱化借贷便利工具的价格信号，侧重发挥其数量作用和结构性作用。在 LPR 定价中更多盯住国债收益率因素，提升国债收益率对贷款市场利率的传导性和基准性。进一步扩大国债收益率在回购交易中的应用。对于公开市场逆回购、国库现金管理以及商业性债券回购涉及的担保品管理，建议采用基于中国国债收益率形成的中债估值进行逐日盯市，充分发挥国债价格的信号作用。

二是推动国债和信用债收益率曲线作为贷款市场的定价基准。在美

国，贷款利率一般用 Libor 加点或国债收益率加点的方式确定，市场利率对贷款利率的影响十分直接和显著。我国可考虑从部分市场化程度较高的商业银行增量贷款开始，试行以国债收益率曲线以及各信用等级企业债收益率曲线为基准加点为中长期固定利率和浮动利率产品定价。

三是推动扩大收益率曲线作为定价基准的应用范围。国债收益率曲线对货币政策响应迅速，作为一国无风险利率的代表，建议进一步扩大其作为非标债权、股权、衍生品等债券之外的金融资产以及房地产等非金融资产的定价基准范围，创新、丰富以国债收益率为定价基准的金融产品，包括发行以短期国债收益率为定价基准的浮动利率国债、开发以国债收益率为标的的金融衍生品等，进而实现利率在整个市场中的传导。

四是深化国债市场建设，进一步提升国债市场流动性，完善国债收益率曲线形成机制。建议加强国债做市商与承销商联动，平衡做市商的权利和义务，完善做市商做市业务评价指标体系。在中央确权的基础上，逐步给予商业银行和境外机构一定额度以开展国债期货业务，允许境外商业类机构开展国债回购交易。完善国债税收制度，建议对国债利息和资本利得均征税或均不征税，以缓解部分投资者的过度持有偏好。

参考文献

[1] 中国债券信息网．人民币国际化背景下自贸区债券业务发展定位与举措研究［EB/OL］．［2020－03－20］．https：//www.chinabond.com.cn/cb/cn/yjfx/zzyb/yjbg/20200320/153934820.shtml.

[2] 解冬．推动上海自贸区离岸债券市场建设发展［N］．中国经营报，2022－03－04.

[3] 郭栋．中资离岸债券市场的内部特征、外部环境及策略建议［N］．金融时报，2022－06－06.

[4] 钟红，邓晴元．在双循环新格局中推进离岸人民币债券市场发展［J］．债券，2022（5）：12－17.

[5] 马骏，等．收益率曲线在货币政策传导中的作用［Z］．中国人民银行工作论文，2016.

[6] 中国人民银行调查统计司课题组．我国国债收益率曲线与宏观经济的先行关系及货币政策传导研究［J］．金融监管研究，2013（1）：27－44.

[7] 王信，杨娉，王琰．持续强化对低碳绿色发展的金融支持［J］．当代金融家，2020（12）：28－31.

[8] 马骏．碳中和愿景下的绿色金融路线图［J］．中国金融，2021（20）：9－11.

[9] 雷曜．提升金融机构环境信息披露能力［J］．中国金融，2022（9）：44－45.

[10] 汪文正．"蓝碳"经济成为新"蓝海"［N］．人民日报海外版，2023－04－05.

[11] 鲁政委、钱立华、方琦．我国转型债券的实践与展望［J］．金融博览，2023（2）：14－15.

[12] 张泽平．资产证券化的法律制度研究［D］．上海：华东政法大学，2007.

[13] 贺锐骁．我国企业资产证券化信息披露制度建设的现状及完善建议［J］．金融法苑，2017（2）．

[14] 中国债券信息网．中美资产支持证券信息披露比较研究（2020）［EB/OL］．［2021－01－19］．https：//www.chinabond.com.cn/cb/cn/yjfx/zzfx/nb/20210119/156344246.shtml.

[15] 安秀梅，何聪．数字证券研究报告［M］．北京：经济科学出版社，2022.

[16] 冯源，刘爽．债券登记托管：基本概念、历史沿革和现实选择［J］．债券，2021（4）．

［17］郭栋. 金融基础设施的科技演进与增量改革［J］. 金融时报，2021（9）.

［18］李文红，蒋则沈. 金融科技（FinTech）发展与监管：一个监管者的视角［J］. 金融监管研究，2017（3）.

［19］王延川. “除魅”区块链：去中心化、新中心化与再中心化［J］. 西安交通大学学报（社会科学版），2020（3）.

［20］刘金婷. Token在不同领域内的中文译名浅析［J］. 中国科技术语，2020（5）.

［21］杨东. 监管科技：金融科技的监管挑战与维度建构［J］. 中国社会科学，2018（5）.

［22］张欣，唐洁珑. 金融科技助力债券登记托管结算体系建设［J］. 债券，2022（4）.

［23］张扬. 对金融科技监管的认知：变化、差异与方向［J］. 国际经济评论，2022（2）.

［24］周仲飞，李敬伟. 金融科技背景下金融监管范式的转变［J］. 法学研究，2018（5）.

［25］翟新丽，于寒. 区块链去中心化的法律治理研究［J］. 金陵科技学院学报（社会科学版），2022（1）.

［26］朱永利. 金融科技助力债券市场创新发展［J］. 债券，2019（8）.

［27］冯源，陈森，杜泽夏. 探索建立区块链数字债券制度规范［J］. 债券，2023（2）.

［28］刘凡. 推进债市基础设施建设［J］. 中国金融，2023（6）.

［29］支付结算体系委员会，国际证监会组织. 证券结算系统推荐标准（RSSS）［R/OL］.［2023-08-10］. https://www.bis.org/cpmi/publ/d46.htm.

［30］焦瑾璞等. 中国金融基础设施功能与建设研究［M］. 北京：社会科学文献出版社，2019.

［31］Euroclear. ESES - T2S Detailed Service Description［R/OL］.［2023-08-10］. https://www.euronext.com/sites/default/files/2021-04/4384%20-%20Euroclear%20FTT%20Detailed%20Service%20Deescription%20（April%202020%20version）.pdf.

［32］LuxCSD. Operational Arrangements for Issuers and Agents［R/OL］.［2023-08-10］. https://www.luxcsd.com/resource/blob/1315170/bbfdd264ddd3a22d1c834e503121fcf6/luxcsd-operational-arrangements-data.pdf.

附录1：词汇

序号	词汇	定义
1	债券	由筹资者（即债务人）向投资者（即债权人）发行的、承诺在约定期限内履行还本付息义务、表明债权债务关系的可等分的有价证券
1.1	绿色债券	绿色债券是指募集资金专门用于支持符合规定条件的绿色产业、绿色项目或绿色经济活动，依照法定程序发行并按约定还本付息的债券
1.2	可持续发展债券	可持续发展债券是指募集资金全部用于绿色项目和社会责任项目融资和再融资的债券
1.3	转型债券	转型债券通常是指支持碳密集产业或高环境影响产业转型发展的债券，在更广泛意义上，其还可以支持其他社会转型活动，助力实现可持续发展目标
1.4	数字债券	数字债券是数字形态的债券，是以债券要素指标的标准化为基础、以数字技术为实现手段、以账户或通证为存储形式的债券
2	债券发行	符合条件的机构以筹集资金为目的，依照法定程序创设债券并向投资者出售的过程
2.1	发行 DVP	证券登记托管结算机构以券款对付方式完成债券发行业务结算，即同步实现债券交付与资金交收，是国际上较为通行的证券一级市场结算方式
2.2	跨市场统一发行	在统一系统或场所中，面向不同市场投资者发行，并由同一机构完成总登记托管、结算、代理本息兑付及信息披露等业务环节的发行行为
2.3	远程发行	远程发行是指承销机构在其所在地通过计算机系统以非现场方式进行投标或申购操作的发行方式
2.4	离岸发行	发行人在所在国境外或境内的离岸债券市场，面向境外投资者发行债券。发行人面向离岸投资者发行债券
3	代理付息兑付	代理付息兑付是指登记托管结算机构接受债券发行人委托，代发行人向债券持有人拨付债券利息、本金、收益等资金的行为
3.1	跨市场流通债券付息兑付	跨市场流通债券付息兑付是指债券付息兑付资金跨市场拨付

续表

序号	词汇	定义
3.2	利息所得税代扣代缴	登记托管结算机构针对境外机构投资者、柜台个人投资者投资境内债券市场取得的债券利息收入提供的税收服务，包括代扣、代缴、代报等
4	信息披露	信息披露是为保障投资者利益和接受社会公众的监督，发行人及其他信息披露义务人在证券发行、上市和交易等一系列过程中依照法律、法规、主管部门规章等有关规定，公开公布相关信息和资料的行为
4.1	数字化信息披露	数字化信息披露是指债券信息披露义务人用可度量的数字或数据公开披露监管要求的信息，促进信息规范披露，实现信息共享、互联互通和智能化分析，更好地保护投资者权益，减轻信息披露义务人负担
4.2	绿色债券环境效益信息披露	绿色债券环境效益信息披露是指对绿色债券募集资金投向绿色项目所产生的正向环境效益信息予以披露
4.3	ESG 信息披露	ESG 信息披露是指对环境、社会责任和公司治理（Environment，Social and Governance，ESG）信息的披露
4.4	穿透披露	穿透披露是指债券信息披露能够充分完全地反映最终发行主体、募投项目或底层基础资产的相关信息
4.5	跨境信息披露	跨境信息披露是指在跨境发行证券的过程中，发行人及其他信息披露义务人遵照母国（地区）和上市地区的相关法律法规进行信息披露的行为
5	债券担保品管理	中央托管机构或第三方担保品管理机构根据担保品提供方和接收方委托和授权，对债券担保品提供选择、计算、质押、盯市、调整、置换、解押等的服务
5.1	债券质押	为担保债务的履行，债务人或者第三人将其债券出质给债权人，并由登记托管机构办理登记，债务人不履行到期债务或者是发生当事人约定的实现质权的情形，债权人有权就债券优先受偿
5.2	所有权转移式担保	担保品的提供方将金融担保品的完整所有权让与担保品的接收方，以确保相关义务的履行
5.3	担保品再使用	担保品的接收方使用或处分在另一交易中收到的金融担保品的权利
5.4	第三方担保品管理	第三方担保品管理主要是指委托独立的、专业的担保品机构对担保品进行管理
5.5	中债担保品管理服务	中债担保品管理服务是指中央结算公司依托金融基础设施的职责与优势，为金融市场提供的以政策支持服务和市场化产品为核心的第三方担保品管理服务

续表

序号	词汇	定义
6	债券估值服务	为适应金融市场发展需要，应对债券市场价格信息不连续情况，应用相关金融工程模型，以编制债券收益率曲线为基础，形成并提供反映公平交易下债券可变现的价格和风险水平指标等的行为
6.1	第三方估值	第三方估值是指由独立于交易双方的专业机构提供的估值，致力于通过科学研判揭示资产特征，为金融市场信息透明、金融产品理性定价、金融风险识别计量提供便利和依据
6.2	中债估值	中债估值是指中央结算公司基于国家重要金融基础设施的服务优势、数据优势和技术优势，为金融市场提供的权威、公允、独立的第三方估值服务
7	债券统计监测	债券统计监测是对债券市场发行、登记托管、交易结算、付息兑付等业务活动进行统计调查、整理和分析，为国家进行宏观决策、金融部门监管市场运行、市场主体和潜在投资者开展投资活动、社会公众了解经济社会提供统计资料，并根据收集到的多维数据，主动构建风险感知指标和探测模型，开展一线监测等活动的总称

附录 2：债券市场基本业务概念相关法律制度

民法典		
颁布时间	名称	具体内容
2020 年	中华人民共和国民法典	第九条　民事主体从事民事活动，应当有利于节约资源、保护生态环境。
		第四百二十五条　为担保债务的履行，债务人或者第三人将其动产出质给债权人占有的，债务人不履行到期债务或者发生当事人约定的实现质权的情形，债权人有权就该动产优先受偿。
		第四百三十六条　债务人履行债务或者出质人提前清偿所担保的债权的，质权人应当返还质押财产。 债务人不履行到期债务或者发生当事人约定的实现质权的情形，质权人可以与出质人协议以质押财产折价，也可以就拍卖、变卖质押财产所得的价款优先受偿。 质押财产折价或者变卖的，应当参照市场价格。
		第四百四十条　债务人或者第三人有权处分的下列权利可以出质：（一）汇票、本票、支票；（二）债券、存款单；（三）仓单、提单；（四）可以转让的基金份额、股权；（五）可以转让的注册商标专用权、专利权、著作权等知识产权中的财产权；（六）现有的以及将有的应收账款；（七）法律、行政法规规定可以出质的其他财产权利。
		第四百四十一条　以汇票、本票、支票、债券、存款单、仓单、提单出质的，质权自权利凭证交付质权人时设立；没有权利凭证的，质权自办理出质登记时设立。法律另有规定的，依照其规定。

续表

证券法		
颁布时间	名称	具体内容
2019 年修订	中华人民共和国证券法	第二条　在中华人民共和国境内，股票、公司债券、存托凭证和国务院依法认定的其他证券的发行和交易，适用本法；本法未规定的，适用《中华人民共和国公司法》和其他法律、行政法规的规定。 政府债券、证券投资基金份额的上市交易，适用本法；其他法律、行政法规另有规定的，适用其规定。 资产支持证券、资产管理产品发行、交易的管理办法，由国务院依照本法的原则规定。 在中华人民共和国境外的证券发行和交易活动，扰乱中华人民共和国境内市场秩序，损害境内投资者合法权益的，依照本法有关规定处理并追究法律责任。
		第二百二十四条　境内企业直接或者间接到境外发行证券或者将其证券在境外上市交易，应当符合国务院的有关规定。
公司法		
2018 年修正	中华人民共和国公司法	第一百五十三条　本法所称公司债券，是指公司依照法定程序发行、约定在一定期限还本付息的有价证券。
期货和衍生品法		
2022 年	中华人民共和国期货和衍生品法	第三十四条　进行衍生品交易，可以依法通过质押等方式提供履约保障。

续表

发文单位：中共中央、国务院		
颁布时间	文件名称	具体规定
2018 年	党和国家机构改革方案	三、深化国务院机构改革 （十）中国证券监督管理委员会调整为国务院直属机构。中国证券监督管理委员会由国务院直属事业单位调整为国务院直属机构，强化资本市场监管职责，划入国家发展和改革委员会的企业债券发行审核职责，由中国证券监督管理委员会统一负责公司（企业）债券发行审核工作。
	国务院办公厅关于全面推进金融业综合统计工作的意见	（五）工作目标。 总体目标。建立科学统一的金融业综合统计管理和运行机制，制定完善标准和制度体系，建设运行国家金融基础数据库，建成覆盖所有金融机构、金融基础设施和金融活动的金融业综合统计，完善大国金融数据治理，有效支持货币政策决策、宏观审慎管理和金融监管协调，守住不发生系统性金融风险的底线，不断提升金融服务实体经济的能力和水平。 阶段性目标。近期（2018—2019 年），重点开展以下工作：以金融机构资产管理产品统计为突破口，推进交叉性金融产品统计，实施跨市场产品全流程、全链条统计监测；推进系统重要性金融机构及金融控股公司统计，加强系统性金融风险关键环节统计监测；编制金融业资产负债表，完善金融资金流量、存量统计，夯实宏观杠杆率测算基础；加强绿色金融、普惠金融等专项统计，合理评估金融对实体经济的支持力度；依托金融基础设施，建立完善债券市场、货币市场、外汇市场等金融市场统计，有效识别市场风险及其传染渠道；建立金融业综合统计标准体系，推进行业统计标准与基础统计标准的对标。 中期（2020—2022 年），进一步开展以下工作：建立地方金融管理部门监管的地方金融组织和互联网金融机构统计，全面加强对风险防控薄弱环节的统计监测；持续完善金融业综合统计标准体系，完成行业统计标准与基础统计标准的对标；建设先进、完备的国家金融基础数据库。

续表

颁布时间	文件名称	具体规定
发文单位：中共中央、国务院		
2021 年	中共中央、国务院关于支持浦东新区高水平改革开放 打造社会主义现代化建设引领区的意见	（十三）进一步加大金融开放力度。支持浦东率先探索资本项目可兑换的实施路径。在浦东支持银行在符合“反洗钱、反恐怖融资、反逃税”和贸易真实性审核的要求下，便利诚信合规企业的跨境资金收付。创新面向国际的人民币金融产品，扩大境外人民币境内投资金融产品范围，促进人民币资金跨境双向流动。研究探索在中国外汇交易中心等开展人民币外汇期货交易试点。推动金融期货市场与股票、债券、外汇、保险等市场合作，共同开发适应投资者需求的金融市场产品和工具。构建与上海国际金融中心相匹配的离岸金融体系，支持浦东在风险可控前提下，发展人民币离岸交易。
		（十四）建设海内外重要投融资平台。支持在浦东设立国际金融资产交易平台，试点允许合格境外机构投资者使用人民币参与科创板股票发行交易。支持在浦东开展简化外债登记改革试点。完善外债管理制度，拓展跨境融资空间。推进在沪债券市场基础设施互联互通。加快推进包括银行间与交易所债券市场在内的中国债券市场统一对外开放，进一步便利合格境外机构投资者参与中国债券市场。
发文单位：财政部		
2023 年	政府债券登记托管结算管理办法	第八条　政府债券登记托管结算机构履行下列职能： （一）政府债券登记、托管、结算； （二）设立、维护政府债券账户（包括特定市场中用于记录政府债券的证券账户）； （三）维护政府债券持有人名册（以下简称持有人名册）； （四）统计政府债券数据，监测政府债券市场运行情况； （五）提供与政府债券登记、托管和结算相关的信息以及查询、咨询、培训服务； （六）财政部规定的其他职能。 第十六条　政府债券登记托管结算机构按照集中统一管理制度维护本市场的持有人名册。财政部授权的政府债券总登记机构履行总登记职责，特定市场的政府债券登记机构将有关数据信息实时同步至总登记机构。总登记机构汇总完整的政府债券登记数据信息，维护完整的持有人名册。 第二十六条　政府债券实行集中统一、一级托管、底层穿透的托管制度，投资人通过在政府债券登记托管结算机构开立的政府债券账户直接持有政府债券。 第二十七条　政府债券账户采用实名制。境内外具有民事行为能力的各类民事主体应当以自身名义单独开立债券账户；各类资产管理产品或者专项资金项下财产投资政府债券的，应当为每个资产管理产品或者专项资金单独开立债券账户。政府债券账户不得出租、出借或者转让。

续表

发文单位：财政部		
颁布时间	文件名称	具体规定
2017 年	企业会计准则第 22 号——金融工具确认和计量	第十六条　企业应当根据其管理金融资产的业务模式和金融资产的合同现金流量特征，将金融资产划分为以下三类： （一）以摊余成本计量的金融资产。 （二）以公允价值计量且其变动计入其他综合收益的金融资产。 （三）以公允价值计量且其变动计入当期损益的金融资产。
发文单位：中国人民银行		
2002 年	金融统计管理规定	第四条　金融统计工作的基本任务是：及时、准确、全面地完成各项金融业务统计；收集、整理、积累金融和有关国民经济的统计资料；开展统计调查、统计分析和统计预测，依法进行统计管理和统计检查，为国家和金融部门进行宏观经济决策、监测经济与金融运行情况、金融监管和经营管理提供统计信息和统计咨询意见；为社会公众提供统计信息；进行国际交流和为有关国际金融组织提供信息资料。 第五条　金融统计工作遵循客观性、科学性、统一性、及时性的原则。 第八条　加快金融统计与国际接轨的进程，逐步实现按国际准则加工和披露金融统计数据。
2005 年	全国银行间债券市场金融债券发行管理办法	第二十八条　发行人应在金融债券发行前和存续期间履行信息披露义务。信息披露应通过中国货币网、中国债券信息网进行。

续表

发文单位：中国人民银行		
颁布时间	文件名称	具体规定
2005 年	资产支持证券信息披露规则	第三条　受托机构应保证信息披露真实、准确和完整，不得有虚假记载、误导性陈述和重大遗漏。资产支持证券发起机构和接受受托机构委托为证券化提供服务的机构应按照信托合同和服务合同的约定，及时向受托机构提供有关信息报告，并保证所提供信息真实、准确和完整。 第四条　受托机构、为证券化提供服务的机构、全国银行间同业拆借中心（以下简称同业中心）、中央国债登记结算有限责任公司（以下简称中央结算公司）等相关知情人在信息披露前不得泄露拟披露的信息。
		第十一条　在发生可能对资产支持证券投资价值有实质性影响的临时性重大事件时，受托机构应在事发后的 3 个工作日内向同业中心和中央结算公司提交信息披露材料，并向中国人民银行报告。本条所称重大事件包括但不限于以下事项：（一）发生或预期将发生受托机构不能按时兑付资产支持证券本息等影响投资者利益的事项；（二）受托机构和证券化服务机构发生影响资产支持证券投资价值的违法、违规或违约事件；（三）资产支持证券第三方担保人主体发生变更；（四）资产支持证券的信用评级发生变化；（五）信托合同规定应公告的其他事项；（六）中国人民银行和中国银行业监督管理委员会等监管部门规定应公告的其他事项；（七）法律、行政法规规定应公告的其他事项。
		第十三条　资产支持证券的信息披露除适用本规则外，还适用于《全国银行间债券市场债券交易管理办法》（中国人民银行令〔2000〕第 2 号）、《全国银行间债券市场金融债券发行管理办法》（中国人民银行令〔2005〕第 1 号）和《全国银行间债券市场债券交易流通审核规则》（中国人民银行公告〔2004〕第 19 号）等有关规定。

续表

发文单位：中国人民银行		
颁布时间	文件名称	具体规定
2009 年	银行间债券市场债券登记托管结算管理办法	第二条　固定收益类有价证券（以下简称债券）在银行间债券市场的登记、托管和结算适用本办法。
		第六条　债券登记托管结算机构承担债券中央登记、一级托管及结算职能；经中国人民银行批准的柜台交易承办银行承担商业银行柜台记账式国债的二级托管职能。 第七条　债券登记托管结算机构在债券登记、托管和结算业务中履行下列职能： （一）设立和管理债券账户； （二）债券登记； （三）债券托管； （四）债券结算； （五）代理拨付债券兑付本息和相关收益资金； （六）跨市场交易流通债券的总托管； （七）提供债券等质押物的管理服务； （八）代理债券持有人向债券发行人依法行使债券权利； （九）依法提供与债券登记、托管和结算相关的信息、查询、咨询、培训服务； （十）监督柜台交易承办银行的二级托管业务； （十一）中国人民银行规定的其他职能。
		第十二条　债券登记托管结算机构根据业务发展需要，可以编制并定期发布债券登记、托管和结算业务相关信息。债券登记托管结算机构向其他组织和个人提供上述信息须符合中国人民银行有关规定。
		第十六条　债券登记托管结算机构应当对债券登记、托管和结算活动进行日常监测，发现异常情况、重大业务风险和技术风险以及重大违法违规行为的，应当及时向中国人民银行报告并进行相应处理，同时抄送交易商协会。 债券登记托管结算机构应当与全国银行间同业拆借中心相互配合，建立债券市场一线监控制度。 第十七条　债券登记托管结算机构应当于每月前 5 个工作日内向中国人民银行报送上月债券发行、登记、托管、结算等有关数据和统计信息，并于每年度结束后 20 个工作日内向中国人民银行报送债券登记、托管和结算业务的年度工作报告。 交易商协会、债券登记托管结算机构和全国银行间同业拆借中心应当按照中国人民银行有关规定建立信息和数据交流机制。 第十八条　债券登记托管结算机构应当按有关规定及时公布债券登记、托管和结算业务有关统计信息，但不得泄露非公开信息。

续表

发文单位：中国人民银行		
颁布时间	文件名称	具体规定
2014 年	中国人民银行、中国银行业监督管理委员会、中国证券监督管理委员会、中国保险监督管理委员会、国家外汇管理局关于规范金融机构同业业务的通知	十四、单家商业银行对单一金融机构法人的不含结算性同业存款的同业融出资金，扣除风险权重为零的资产后的净额，不得超过该银行一级资本的 50%。其中，一级资本、风险权重为零的资产按照《商业银行资本管理办法（试行）》（中国银行业监督管理委员会令 2012 年第 1 号发布）的有关要求计算。单家商业银行同业融入资金余额不得超过该银行负债总额的三分之一，农村信用社省联社、省内二级法人社及村镇银行暂不执行。
2018 年	中国人民银行、中国银行保险监督管理委员会、中国证券监督管理委员会、国家外汇管理局关于规范金融机构资产管理业务的指导意见	十八、金融机构对资产管理产品应当实行净值化管理，净值生成应当符合企业会计准则规定，及时反映基础金融资产的收益和风险，由托管机构进行核算并定期提供报告，由外部审计机构进行审计确认，被审计金融机构应当披露审计结果并同时报送金融管理部门。 金融资产坚持公允价值计量原则，鼓励使用市值计量。
2020 年	标准化债权类资产认定规则	一、本规则所称的标准化债权类资产是指依法发行的债券、资产支持证券等固定收益证券，主要包括国债、中央银行票据、地方政府债券、政府支持机构债券、金融债券、非金融企业债务融资工具、公司债券、企业债券、国际机构债券、同业存单、信贷资产支持证券、资产支持票据、证券交易所挂牌交易的资产支持证券，以及固定收益类公开募集证券投资基金等。

续表

发文单位：中国人民银行		
颁布时间	文件名称	具体规定
2020 年	公司信用类债券信息披露管理办法	第四条　企业信息披露应当通过符合公司信用类债券监督管理机构规定条件的信息披露渠道发布。 第五条　信息披露应当遵循真实、准确、完整、及时、公平的原则，不得有虚假记载、误导性陈述或重大遗漏。 信息披露语言应简洁、平实和明确，不得有祝贺性、广告性、恭维性或诋毁性的词句。
2022 年	银行间债券市场债券借贷业务管理办法	第二条　本办法所称债券借贷是指债券融入方提供一定数量的履约保障品，从债券融出方借入标的债券，同时约定在未来某一日期归还所借入标的债券，并由债券融出方返还履约保障品的债券融通行为。 第十一条　集中债券借贷业务是指债券结算服务机构根据与参与者的事先约定，在债券结算日参与者应付债券不足额时，根据参与者在中国人民银行认可的电子交易平台（以下简称交易平台）发起的债券借贷指令，受托按照统一规则与其他参与者进行匹配，并达成债券融通的行为。集中债券借贷交易达成后，债券结算服务机构应将相关结算数据传输至交易平台。
发文单位：原银监会		
2004 年	商业银行市场风险管理指引	第十八条　商业银行应当对交易账户头寸按市值每日至少重估一次价值。
2005 年	金融机构信贷资产证券化试点监督管理办法	第七十四条　金融机构应当按照银监会关于信息披露的有关规定，披露其从事信贷资产证券化业务活动的有关信息，披露的信息应当至少包括以下内容：（一）从事信贷资产证券化业务活动的目的；（二）在信贷资产证券化业务活动中担当的角色、提供的服务、所承担的义务、责任及其限度；（三）当年所开展的信贷资产证券化业务概述；（四）发起机构的信用风险转移或者保留程度；（五）因从事信贷资产证券化业务活动而形成的证券化风险暴露及其数额；（六）信贷资产证券化业务的资本计算方法和资本要求；（七）对所涉及信贷资产证券化业务的会计核算方式。金融机构应当在每个会计年度终了后的四个月内披露上述信息。因特殊原因不能按时披露的，应当至少提前十五个工作日向银监会申请延期。

续表

发文单位：原银监会		
颁布时间	文件名称	具体规定
2005 年	信贷资产证券化试点管理办法	第四十四条　受托机构应当在资产支持证券发行前和存续期间依法披露信托财产和资产支持证券信息。信息披露应通过中国人民银行指定媒体进行。受托机构及相关知情人在信息披露前不得泄露其内容。 第四十五条　受托机构应保证信息披露真实、准确、完整、及时，不得有虚假记载、误导性陈述和重大遗漏。接受受托机构委托为证券化交易提供服务的机构应按照相关法律文件约定，向受托机构提供有关信息报告，并保证所提供信息真实、准确、完整、及时。 第四十六条　受托机构应当在发行资产支持证券 5 个工作日前发布最终的发行说明书。
		第四十八条　在资产支持证券存续期内，受托机构应核对由贷款服务机构和资金保管机构定期提供的贷款服务报告和资金保管报告，定期披露受托机构报告，报告信托财产信息、贷款本息支付情况、证券收益情况和中国人民银行、中国银监会规定的其他信息。 第四十九条　受托机构应及时披露一切对资产支持证券投资价值有实质性影响的信息。 第五十条　受托机构年度报告应经注册会计师审计，并由受托机构披露审计报告。 第五十一条　受托机构应于信息披露前将相关信息披露文件分别报送全国银行间同业拆借中心和中央国债登记结算有限责任公司。全国银行间同业拆借中心和中央国债登记结算有限责任公司应为资产支持证券信息披露提供服务，及时将违反信息披露规定的行为向中国人民银行报告并公告。
2007 年	中国银监会关于建立银行业金融机构市场风险管理计量参考基准的通知	二、各行可使用自行编制的或其他机构编制的收益率曲线进行市场风险管理，所使用的收益率曲线对市场变化情况的反映要客观、合理。
		七、从 2007 年 10 月第一个工作日开始，各行应采用中央国债登记结算有限责任公司编制公布的银行间国债收益率曲线、央行票据收益率曲线与政策性金融债收益率曲线（以下简称中债收益率曲线）计算交易账户人民币头寸市值，并与根据自行编制或其他机构编制的收益率曲线计算得出的相应市值在每个工作日至少进行一次比较。如果在每个季度内有 5 个（含）以上工作日两者计算结果相差超过 1%，应在下个季度前 10 个工作日内向中国银监会书面报告，并做出详细、准确的说明。
		九、鼓励各行参照第七条规定的中债收益率曲线计算风险价值（VaR）等市场风险管理数据，对所承担的市场风险水平进行量化计算。

续表

颁布时间	文件名称	具体规定
发文单位：原银监会		
2017 年	中国银监会办公厅关于开展银行业“不当创新、不当交易、不当激励、不当收费”专项治理工作的通知	二、不当交易方面 （一）银行同业业务 3. 监管指标执行方面 （1）同业借款业务期限是否超过三年，其他同业融资业务期限是否超过一年，业务到期后是否展期； （2）单家商业银行对单一金融机构法人的不含结算性同业存款的同业融出资金，扣除风险权重为零的资产后的净额，是否超过银行一级资本的 50%； （3）若将商业银行所持有的同业存单计入同业融出资金余额，是否超过银行一级资本的 50%； （4）商业银行同业融入资金余额是否超过负债总额的三分之一； （5）若将商业银行发行的同业存单计入同业融入资金余额，是否超过银行负债总额的三分之一。
发文单位：证监会		
2003 年	证券投资基金信息披露编报规则第 2 号《基金净值表现的编制与披露》	第三条　基金应当按照《证券投资基金会计核算办法》的估值原则，以及基金契约和招募说明书载明的估值事项，对资产进行估值。具体应符合以下要求： （一）封闭式基金和开放式基金应于每个交易日当天进行估值。
2014 年	证券公司及基金管理公司子公司资产证券化业务管理规定	第四十一条　管理人及其他信息披露义务人应当按照本规定及所附《证券公司及基金管理公司子公司资产证券化业务信息披露指引》（以下简称《信息披露指引》）履行信息披露和报送义务。证券交易所、全国中小企业股份转让系统、中国证券业协会、中国基金业协会可以根据本规定及《信息披露指引》制定信息披露规则。 第四十二条　管理人及其他信息披露义务人应当及时、公平地履行披露义务，所披露或者报送的信息必须真实、准确、完整，不得有虚假记载、误导性陈述或者重大遗漏。

续表

发文单位：证监会		
颁布时间	文件名称	具体规定
2014 年	证券公司及基金管理公司子公司资产证券化业务管理规定	第四十三条　管理人、托管人应当在每年 4 月 30 日之前向资产支持证券合格投资者披露上年度资产管理报告、年度托管报告。每次收益分配前，管理人应当及时向资产支持证券合格投资者披露专项计划收益分配报告。年度资产管理报告、年度托管报告应当由管理人向中国基金业协会报告，同时抄送对管理人有辖区监管权的中国证监会派出机构。 第四十四条　发生可能对资产支持证券投资价值或价格有实质性影响的重大事件，管理人应当及时将有关该重大事件的情况向资产支持证券合格投资者披露，说明事件的起因、目前的状态和可能产生的法律后果，并向证券交易场所、中国基金业协会报告，同时抄送对管理人有辖区监管权的中国证监会派出机构。 第四十五条　管理人及其他信息披露义务人应当按照相关规定在证券交易场所或中国基金业协会指定的网站向合格投资者披露信息。
2017 年	中国证监会关于支持绿色债券发展的指导意见	一、本指导意见所称绿色公司债券，是指符合《证券法》《公司法》《公司债券发行与交易管理办法》及其他相关法律法规的规定，遵循证券交易所相关业务规则的要求，募集资金用于支持绿色产业项目的公司债券。
2020 年修正	公开募集证券投资基金信息披露管理办法	第十四条　基金管理人应当按照下列要求披露基金净值信息： （一）至少每周在规定网站披露一次封闭式基金资产净值和基金份额净值； （二）开放式基金的基金合同生效后，在开始办理基金份额申购或者赎回前，至少每周在规定网站披露一次基金份额净值和基金份额累计净值； （三）开放式基金在不晚于每个开放日的次日，通过规定网站、基金销售机构网站或者营业网点披露开放日的基金份额净值和基金份额累计净值； （四）在不晚于半年度和年度最后一日的次日，在规定网站披露半年度和年度最后一日的基金份额净值和基金份额累计净值。

续表

颁布时间	文件名称	具体规定
发文单位：证监会		
2023 年	中国证监会关于企业债券过渡期后转常规有关工作安排的公告	三、转常规后企业债券登记托管、监管与风险防控等工作安排 （一）企业债券登记托管、交易结算等安排总体保持不变，在交易所债券市场、银行间债券市场上市（挂牌）交易，由中国证券登记结算有限责任公司（以下简称中国结算公司）、中央结算公司提供登记托管结算等服务。企业债券投资者适当性管理要求，按照相应交易场所的有关规定执行。 （二）中国证监会会同中国人民银行、金融监管总局，按照现行工作职责指导交易所、中国结算公司、中国证券业协会、中央结算公司、交易商协会、中国外汇交易中心（全国银行间同业拆借中心）等单位，继续做好企业债券的交易组织、自律管理、风险监测等工作，加强监管协同与信息共享，保障企业债券市场平稳运行。 四、压实各方责任，共同促进债券市场高质量发展 （一）企业债券发行人及其他信息披露义务人应当依法履行信息披露义务，真实、准确、完整、及时、公平披露相关信息。企业债券发行人应当加强募集资金管理，切实落实偿债保障措施，有效保护债券投资者合法权益。 （二）企业债券承销机构、信用评级机构、会计师事务所、律师事务所、资产评估机构、受托管理人或具有同等职责的机构等应当按照相关规定和约定履职尽责，严格落实中介机构执业规范和监管要求，为债券市场健康发展提供专业优质服务。
发文单位：中国银行间市场交易商协会		
2021 年	关于试点开展社会责任债券和可持续发展债券业务的问答	可持续发展债券是指发行人在全国银行间市场发行的，募集资金全部用于绿色项目和社会责任项目的债券。可持续发展债券募集资金用于绿色项目部分应遵守适用于绿色债务融资工具的有关规定，用于社会责任项目部分应遵守社会责任债券的有关规定。可持续发展债券募集的资金亦可用于同时具备环境和社会双重效益的项目。
2022 年	关于开展转型债券相关创新试点的通知	一、本通知所称转型债券，是指为支持适应环境改善和应对气候变化，募集资金专项用于低碳转型领域的债务融资工具。转型债券是绿色金融的有益补充，也是可持续金融的子品种。发行转型债券需在募集资金用途、转型信息披露、第三方评估认证和募集资金管理四项核心要素等方面满足本通知要求。

续表

发文单位：中国银行间市场交易商协会		
颁布时间	文件名称	具体规定
2009 年	中国银行间市场金融衍生品交易转让式履约保障文件	第四条　转让（一）转让合格履约保障品或合格履约保障等同品的方式 1. 转让合格履约保障品的方式 除非双方另有约定，对于现金形式的合格履约保障品，出让方应于相关的完成日北京时间 17 时前（含该时点），将该种形式的合格履约保障品通过转账方式划入受让方指定的银行账户；对于记账式债券形式的合格履约保障品，出让方和受让方应及时根据有关登记托管结算机构的规定办理相关的债券过户手续。 第四条　转让（二）转让不设定担保物权 一方转让合格履约保障品、合格履约保障等同品、派息等同物和/或利息金额不应被视为在被转让的合格履约保障品、合格履约保障等同品、派息等同物和/或利息金额上设定任何形式的担保物权。一方在受让合格履约保障品、合格履约保障等同品、派息等同物和/或利息金额后享有对该受让的物品或金额不受限制的所有权，可以依法处置所受让的物品或资金。
2023 年	银行间债券市场企业资产证券化业务规则	第十三条　发起机构是指按照本规则及约定向特定目的载体转移其合法拥有的基础资产以获得资金的主体。发起机构不得侵占、损害基础资产，并履行以下职责： （一）配合并支持特定目的载体或其管理机构和相关中介机构履行职责； （二）按约定及时向特定目的载体或其管理机构和相关中介机构提供相关披露的信息，并保证所提供的信息真实、准确、完整； （三）履行相关信息披露职责； （四）本规则及相关自律规则规定以及交易文件约定的其他职责。
		第二十七条　发起机构、特定目的载体或其管理机构、增信机构应切实履行信息披露职责，保证信息披露真实、准确、完整、及时、公平，不得有虚假记载、误导性陈述或重大遗漏，并承担相应法律责任。 相关中介机构应切实履行职责，对所出具的中介服务报告、专业意见以及其所披露的其他信息负责。 发起机构、增信机构和相关中介机构应按照相关约定，及时向特定目的载体或其管理机构提供相关信息，并保证所提供信息的真实、准确、完整。 第二十八条　发行资产支持证券的，应至少披露以下文件： （一）募集说明书或发行协议； （二）法律意见书； （三）交易商协会规定的其他文件。

续表

发文单位：最高人民法院		
颁布时间	文件名称	具体规定
2020 年	最高人民法院关于适用《中华人民共和国民法典》有关担保制度的解释	第六十八条　债务人或者第三人与债权人约定将财产形式上转移至债权人名下，债务人不履行到期债务，债权人有权对财产折价或者以拍卖、变卖该财产所得价款偿还债务的，人民法院应当认定该约定有效。当事人已经完成财产权利变动的公示，债务人不履行到期债务，债权人请求参照民法典关于担保物权的有关规定就该财产优先受偿的，人民法院应予支持。 债务人或者第三人与债权人约定将财产形式上转移至债权人名下，债务人不履行到期债务，财产归债权人所有的，人民法院应当认定该约定无效，但是不影响当事人有关提供担保的意思表示的效力。当事人已经完成财产权利变动的公示，债务人不履行到期债务，债权人请求对该财产享有所有权的，人民法院不予支持；债权人请求参照民法典关于担保物权的规定对财产折价或者以拍卖、变卖该财产所得的价款优先受偿的，人民法院应予支持；债务人履行债务后请求返还财产，或者请求对财产折价或者以拍卖、变卖所得的价款清偿债务的，人民法院应予支持。 债务人与债权人约定将财产转移至债权人名下，在一定期间后再由债务人或者其指定的第三人以交易本金加上溢价款回购，债务人到期不履行回购义务，财产归债权人所有的，人民法院应当参照第二款规定处理。回购对象自始不存在的，人民法院应当依照民法典第一百四十六条第二款的规定，按照其实际构成的法律关系处理。